심리전과 패왕의 경영자

손자孫子

심리전과 바람의 경영자

손자 孫子

손무 지음 | 이현성 편저

글로벌 리더가 곁에 두고 있는 단 한 권의 인문학

마오쩌둥이 미국을 농락할 수 있었던 용인술의 비전!
나폴레옹, 칭기즈칸, 스티브 잡스가 곁에 두고 읽었으며
빌 게이츠는 "오늘날 나를 만든 건 손자병법"이라 말했다.

스타북스

이 책을 손에 넣은 당신에게

'승자 그룹'과 '패자 그룹'으로 갈리는 일은 순식간이고, 각 그룹이 교차되는 경우도 순식간이다.

당신 또는 당신의 조직이 승자 그룹이라고 생각해 안심하거나 패자 그룹이라고 체념하고 있다면 그것은 큰 오산이다. 강자는 영원히 이기고 약자는 계속해 지는 걸까?

절대 그렇지 않다. 방법에 따라 또한 상황에 따라 역전할 수 있다. 안심해서도 안 되고 체념할 것도 아니다.

'이기고 지는 것 따위 관계없어. 어느 쪽이라도 좋아.'

혹 이렇게 생각하고 있지는 않은가? 그렇다면 이 역시도 큰 오산이다. 당신은 탄생 전의 격렬한 생물적 경쟁에서 이겨 생명을 획득한 이래 자신의 의사와 관계없이 경쟁사회 속에 살고 있다. 당신이 빠져나가려 해도 살아 있는 한 그 영향을 받지 않을 수 없다.

지금으로부터 2400~2500년 전의 중국 대륙에 승패의 철리哲理를 해명한 남자가 나타났다. 오吳나라 군사軍師였던 손무孫武이다.

당시 중국에서 주周 왕조의 통치는 명목뿐으로, 많은 도시국가가 경합하고 있었다. 오나라는 현재의 쑤저우蘇州를 도읍으로 하여 양쯔강 하류 지경에 번영하여, 손무의 전략에 의해 크게 세력을 확대시켜 갔다. 사람들은 그를 존경하여 손 선생이라는 뜻의 '손자'라고 불렀다. 그가 밝혀 낸 전략과 전술, 승부의 철리를 기록한 것이 명저 『손자孫子』, 곧 『손자병법』이다.

물론 약 2500년이나 전의 시대와 현대는 사회의 체제나 정치 구조, 전쟁의 방법이나 무기가 완전히 다르다. 그럼에도 당시의 전쟁을 논한 서적이 현대의, 그것도 전쟁뿐 아니라 경영이나 인간관계에까지 도움이 되고 있다는 사실은 과연 무엇을 뜻할까?

그것은 손자의 병법이 시대나 체제의 차이를 초월하여 변화가 적은 인간의 본질적인 부분에 뿌리내리고 있기 때문이다. 『손자병법』은 다음과 같은 특징을 갖고 있다.

- 인간의 마음과 감정을 냉정하게 파악하여 그것을 기반으로 전쟁 방법을 논하고 있다.
- 힘으로 굴복시키는 것이 아니라 상대의 힘을 이용하여 상대가 스스로 지게 하는 것을 중시하고 있다.

• 싸우지 않고 이기는 것을 '최고의 승리'라 일컫고 있다.

'손자병법'은 협의의 승부에만 도움이 되는 것은 아니다. 읽는 방법에 따라서는 연인, 가족, 동료까지 포함한 인간관계를 원활하게 진행해 나가기 위한 노하우부터 비즈니스 사회에서의 생활방식에 이르기까지 폭넓게 응용할 수 있는 내용을 담고 있다고 해도 과언이 아니다.

이 책은 『손자병법』 연구서가 아니므로 문헌적으로 파고드는 일은 접어 두고, 과감히 의역한 부분도 적지 않다. 양해해 주기 바란다.

이 책이 당신의 인생과 생활에 조금이나마 참고가 된다면 기쁘겠다.

1장

승산이 있으면
승리하고
승산이 적으면
승리할 수 없다

★시계始計 편

전쟁은 궤도詭道이다

궤도는 전쟁을 함에 있어 '상대를 속이는 전술'을 말한다. 또한『손자』「군쟁軍爭」편에서는 '전쟁은 상대를 속이는 것이 기본이다'라고도 되어 있다.

그러한 주장으로부터 '손자병법'은 결국은 속임수이며 정상적인 전쟁 방법이 아니라는 견해가 옛날부터 있어 왔다. 그 때문에『손자』를 기피하는 사람도 있고 "손자가 이를 전술의 전부라고 한 것은 아니다"라고 변호하는 학자도 있었다.

그러나 이들은 모두 손자의 말을 표면적으로 해석하고 있는 것이다. 손자가 의도하는 바는 단순히 속임수가 아니다.

예컨대 최근에 종종 문제가 되는 노인을 속이는 사기 마케팅 같은 것은 '손자병법'이라고 할 수 없다. 손자가 노리는 바는 우격다짐으로 하는 수단이 아니라 심리적인 조작에 따라 무리 없이 상대를 통제하는 데 있다. 그것이 손자가 말하는 '속임수(궤도)'이다.

따라서 악용하면 물론 '사기'가 되지만 본래는 자연스럽게 상대를 움직이게 하는 과학적인 수법이며, 약자가 강자를 쓰러뜨리기 위한 수단이다. 그 본질은 심리 조작이며, 승부뿐만 아니라 인간관계에 널리 활용할 수 있는 이유는 그 때문이다.

할 수 있어도 못하는 척을 하라

정도의 차이는 있지만 인간은 누구나 다른 사람에 대해 우월감과 열등감을 동시에 가지고 있다. 자신이 남보다 못하다고 분개하는 한편, 조금이라도 자신이 위에 있는 것처럼 생각되면 자만하고 싶어 하는 마음도 있다.

자신의 능력을 다른 사람에게 인정받고 싶다고 생각하는 것은 인지상정이다. 하물며 오늘날은 자기 PR 시대다. 가만히 있으면 인정받기는커녕 뒤쳐지게 되는 것 아닐까 불안해진다.

따라서 매사에 자기 PR을 하여 자기의 재능을 과시하는 일이 유행하고 있다. 주목받고 싶어 하는 사람이 활개 친다. 그중에는 그 선전이 효과를 발휘하여 매우 유명해진 사람도 있다.

그렇지만 그러한 생활방식은 위험하다. 만약 성공했다 해도 능력 이상의 헛된 명성이라면 항상 무리를 해야만 한다. 그보다는 이렇게 하자.

'할 수 있는 일도 못하는 것처럼 보이게 하라.'

그렇게 하면 우선 다른 사람의 시기를 받지 않고, 또한 다른 사람이 자신이 갖고 있는 이상의 것을 가르쳐 준다. 그리고 자연히 그 재능을 인정받게 되었을 때는 한층 더 빛난다……. 등등, 좋은 점은 있어도 나쁜 점은 없다. 이것이 손자가 말하는 '속임수'의 하나이다.

필요해도 필요 없는 척을 하라

이것도 속임수의 하나인데 응용 범위가 매우 넓다. 가장 일상적인 것을 예로 들면, 물건 값을 깎을 때 본능적으로 사용하는 방법이다. 아무래도 필요한 것처럼 보이면 상대는 비싼 값을 부르므로, 필요 없는 척을 하여 값을 떨어트리는 것이다.

요컨대 경솔하게 자신의 속마음을 보여 주어서는 안 된다. 단, 항상 그렇게 해야 한다는 뜻은 아니다. 항상 그러한 태도를 취하면 다른 사람들이 경계하기 때문에, 필요 최소한의 경우에만 사용해야 하는 전술이다.

사실 어떠한 전술을 사용할 때 가장 주의해야 하는 일이 바로 '필요해도 필요 없는 척을 하는 것'이다.

걸핏하면 득의양양하게 자신이 전술의 묘수임을 자랑하는 사람이 있다. 또한 자랑스럽게 자신의 '손바닥 안'을 보여 주는 사람도 있다. 이런 사람은 매우 어리석다.

전술은 다른 사람이 모르기 때문에 전술로서 가치가 있으며 목적을 다할 수 있다. '할 수 있어도 못하는 척을 하라'와 같은 발상이다.

가까이 하기 위해서는 멀리하는 것처럼 보이게 하고
멀리하기 위해서는 가까이 하는 것처럼 보이게 하라

실제 전쟁에서 승리한 명장들은 이 전술을 사용하여 위기를 기회로 만든다. 이러한 속임수는 상대의 심리적 맹점을 찌름으로써 더욱 효과적으로 목적을 달성하는 방법이며 교섭, 논쟁, 설득 등 인간관계의 장에서도 활용할 수 있다.

강하면 피하라

상대가 자신보다 강한 경우는 피한다. 이 말은 '이왕이면 강한 쪽에 붙으라'는 뜻이 결코 아니다. 손자병법은 어디까지나 최종적인 승리를 목적으로 한다. 강력한 상대와 부딪혀 옥쇄玉碎하는 것은 의미가 없다. 따라서 정면충돌하지 않고 다른 방법으로 이기는 길을 생각해야 하는 것이다.

'피하다'라고 하면 단지 도망치는 일로밖에 생각하지 않는 경우가 많다. 따라서 도망치는 일은 비겁하므로, '도망치는 것'이라 하지 않고 '전진轉進(다른 목적지로 전진함)'이라는 표현으로 얼버무린다. 하지만 도망치는 것이 부끄러운 일은 아니다.

중국에서 전승되어 온 처세법에 의하면 '피하는 방법'에도 여러 가지가 있다.

첫 번째는 '도逃'인데, 이는 조짐이 있을 때 미리 알아채 몸을 숨기는 방법이다. 예를 들어 좁은 길을 가는데 맞은편에서 자동차가 달려온다면 부딪히지 않도록 옆길로 빗겨 선다. 이것이 '도逃'다.

두 번째는 '피避'로써, 이는 몸의 안전을 유지하며 때를 기다리는 방법이다. 위의 예를 들어 말하면 몸을 옆으로 하여 접촉을 피하고 자동차가 지나가기를 기다리는 것이다.

세 번째는 '둔遯'이다. 이는 일시적으로 피하면서 조금씩 목적 달성을 향해 노력하는 방법이다. 다시 앞의 예를 들어 말하면 몸을 옆으로 하면서도 멈추지 않고 조금씩 앞으로 가는 것이다. 피하면서도 상대를 쓰러트리기 위한 노력을 계속한다. 가장 적극적으로 피하는 방법이 이 세 번째이다.

상대를 화나게 하여 혼란시켜라

술에 취하면 자기도 모르게 본심을 속속들이 드러내는 경우가 있다. 또한 격노하면 평소에 가슴속에 담아 두었던 생각을 말해 버리는 경우도 있다. 물론 술에 취하거나 화가 났을 때의 언동이 모두 그 사람의 본심이며 본질이라고는 할 수 없다. 마음에도 없는 말을 하거나 생각지 않았던 행동을 하는 경우도 많다.

그러나 인간이 흥분하면 마음의 균형을 잃어 평상심을 잃어버리는 것은 틀림없다. 손자는 이 원리로 '속임수를 활용하라'고 말한 것이다.

예로부터 중국의 전투에서는 이 방법이 잘 사용되고 있다. 진秦 말기 유방과 항우의 천하 제패를 건 대결에서 주고받은 설전은 유명하다.

이 원리는 상대를 쓰러트리는 경우뿐만 아니라 상대의 마음의 벽을 허물려고 하는 경우, 그 상대의 정체를 간파하려고 하는 경우, 상대를 분발하게 하려는 경우 등 다양하게 활용할 수 있다.

※ 141쪽 〈자신의 마음은 정리해 두고 상대의 마음이 어지럽게 되도록 한다. 자신은 평정한 마음을 유지하면서 상대의 마음이 파도치도록 한다. 이것이 '마음을 다스리는' 법이다〉 참조.

자신을 낮추어 상대를 자만하게 하라

이 전술을 실행한 것이 기원전 6~기원전 5세기, 고대 중국의 대드라마인 오吳나라와 월越나라의 전투다. 서로 승패를 반복하여 상대에 대한 복구심을 계속 가지고 있었기에 가시나무 위에서 자며 통증을 느끼고 쓸개를 핥으며 괴로움을 잊지 않았다는 일화로부터 '와신상담臥薪嘗膽'이라는 고사성어를 만든 이 항쟁은 십수 년에 걸쳤다.

마침내 월나라의 수도가 점령되어 오나라의 속국이 되자마자, 월왕 구천은 오나라의 도읍으로 가서 오 왕 부차의 신하가 되어 섬긴다. 월나라는 일체의 저항을 그만두고 여러 가지 조공을 바쳤으며 절세 미녀까지 보내 오 왕 부차의 관심을 샀다.

사실 이는 '자신을 낮추어 상대를 안심시키라'는, 월나라의 어진 신하 범여의 작전이었다. 한편 그들은 착실히 국력을 충실하게 쌓아 기회를 노렸다. 이 작전은 예상에 딱 들어맞아 이윽고 형세는 역전하여 오나라는 멸망하고 말았다.

손자의 이 병법 '자신을 낮추어 상대를 교만하게 하라'는 노자老子가 말한 섭리에 근거한다.

"장차 움츠리고 싶으면 우선 펴 주어야 하고, 장차 약화시키려면 우선 강화시켜야 한다."

반대로 생각하여 서투른 사람을 주의하라. 결코 우쭐해져서 자만해서는 안 된다.

적이 단결하고 있을 때는 이간시켜라

위魏, 촉한蜀漢, 오吳가 대치하는 『삼국지三國志』는 적의 결속을 무너뜨리고 갈라서게 하는 전술의 교과서라고 할 수 있다.

반대로 인간관계를 생각하면 가장 문제를 일으키기 쉬운 것이 이간책이다. 집단 안에서는 의식적으로 또 무의식적으로 친한 사람들 사이를 이간시키려고 하는 상대가 있다. 그것은 시기심과 뿌리가 같은 것으로, 비뚤어진 자기 보존 본능이라 할 수 있다.

손자의 말은 이 이간책을 사용하라는 뜻이 아니라 사용된 경우에 대한 교훈으로서 이해해 둘 필요가 있다.

전쟁은 국가의 중대사이며,
국민의 생사와 국가의 존망이 달린 길이니 잘 살펴보아야 한다

이는 『손자』 모두의 유명한 한 구절이다. '병兵'은 전쟁, 군대, 병사, 전략 등 다양한 의미로 사용되는데 여기에서는 전쟁을 말한다.

전쟁은 국가의 중대사이며 국민의 생사를 좌우하고 국가의 존망이 달려 있는 것이다. 잘 살펴보아야 한다.

전쟁을 시작할지 말지 결정할 때는 목청 높은 적극론이 여러 사람을 지배하기 쉽다. 그것은 제2차 세계대전에서 실증된 바 있으며, 전쟁뿐만 아니라 조직을 짜서 무언가 하려고 하는 경우에도 있기 쉬운 일이다.

손자는 이런 경우를 경고하여, 대사를 결행할지 말지를 결정할 때는 통치의 기본인 다섯 가지 요건을 충족시키는지를 확인하도록 강조하고 있다.

이를 오사伍事라고 한다.

① 도道 - 기본적인 방침
② 천天 - 타이밍
③ 지地 - 환경적 조건
④ 장將 - 지도자
⑤ 법法 - 조직, 제도, 운영

임금은 어느 쪽이 훌륭한가, 장수는 누가 유능한가,

기상과 지리는 어느 쪽에 유리한가, 법령은 어느 쪽이 잘 지켜지나,

진영은 어느 쪽이 잘 단결됐나, 병사들은 어느 쪽이 잘 훈련됐나,

상벌은 어느 쪽이 분명한가, 이것만 보면 승부를 알 수 있다

    손자는 전력을 계산하거나 승패를 예측하기 위한 체크리스트를 여러 각도에서 들고 있다. 이 전술도 그중 하나이며 적과 자기편의 전력을 하드디스크가 아니라 소프트디스크 면에서 비교하여 승패를 예측하고자 하는 방법이다.

    이를 '칠계七計'라고 한다.

① 지도자는 어느 쪽이 더 명확한 방침을 가지고 있는가?

② 지도부는 어느 쪽이 더 유능한가?

③ 시기 및 상황은 어느 쪽이 더 유리한가?

④ 관리는 어느 쪽이 빈틈이 없는가?

⑤ 최전선에서 일하는 사람은 어느 쪽이 더 의욕을 가지고 있는가?

⑥ 중간 리더는 어느 쪽이 더 경험을 쌓고 있는가?

⑦ 업적 평가는 어느 쪽에서 더 공평하고 정확하게 이루어지고 있는가?

도道란 백성이 군주와 같은 마음을 갖게 하며,

함께 살고 죽음에 있어 위험을 두려워하지 않게 한다[*]

통치의 기본인 '오사伍事'의 가장 처음에 이 '도'를 들고 있다.

백성을 군주와 같은 마음을 갖게 하며 위험을 두려워하지 않고 군주와 생사를 함께하게 하는 것…… 그것이 도道다.

이 '도道'가 무엇을 의미하는지에 대해 예부터 입장에 따라 다양한 해석이 이루어져 왔다. 왕도王道, 인애仁愛라고 하는 사람도 있고, 그러한 도덕이 아니라 권도權道라고 하는 사람도 있다. 그 도道는 각 사람의 가치관에 따라 다른 것이 당연할지 모른다.

그러나 손자가 말하는 바를 선입견 없이 보면, 현대에서 말하는 '목표'라고 해석하면 타당할 듯하다.

즉 잘 행동하는 조직은 전체 구성원이 공통의 목표를 가지고 있다. 이해, 사명감, 위기감, 분위기…… 등 어떠한 것이라도 일체감을 가지고 행동하는 데 따라 그 조직의 활성화가 도모된다.

---

[*] 022쪽 〈전쟁은 국가의 중대사이며, 국민의 생사와 국가의 존망이 달린 길이니 잘 살펴보아야 한다〉 참조.

전체 구성원을 결집할 수 있는 목표를 설정하는 일이 지도자의 큰 임무다. 교묘한 지도자는 사람들이 알아채지 못하는 사이에 어떠한 목표를 향해 각 구성원의 의사를 통일시키고 있다.

천天이란 음양陰陽 · 한서寒暑 · 시제時制이다[*]

통치의 기본인 '오사伍事'에서 두 번째로 들고 있는 바는 '천天'이다. 개전해야 할지 말지의 의사 결정을 할 때 이는 매우 중요한 체크포인트가 된다.

고대 중국인에게 있어 하늘은 '만물의 시조'이며 '지고무상至高無上의 신'이었다. 하늘은 절대자이며 숭배해야 할 신이었고, 하늘의 명령을 받아 지상에 군림하는 것이 천자天子(황제)였다.

그러나 손자는 그 '하늘'과 완전히 다른 정의를 했다. 손자가 말하는 천天은 지금 우리가 말하는 '타이밍'임에 틀림없다.

'음양'은 점을 치는 것이라고 해석한 당대의 학자도 있지만, 『손자』

---

[*] 022쪽 〈전쟁은 국가의 중대사이며, 국민의 생사와 국가의 존망이 달린 길이니 잘 살펴보아야 한다〉 참조.

전반을 통해 보면 그러한 요소가 없으며 천체의 운행에 의한 음과 양이라는 학설이 타당하다. 밤, 구름 낀 하늘, 비 오는 하늘 등이 음이며, 낮, 맑은 하늘 등이 양이다. '한서'는 문자 그대로 기후의 추위와 더위이며 사계의 변화를 가리킨다. '시제'는 시간이다. 이러한 것을 총괄하여 시간적인 요소를 손자는 천天이라고 칭하였다. 즉 '천시天時'다.

이어서 손자는 '지地란 원근遠近·험이險易·광협廣狹·사생死生이다'라고 했다. 먼 곳과 가까운 곳, 험난함과 평탄함, 넓고 좁음, 죽음과 삶은 '땅의 유리함'을 말한다. 하늘의 시기와 땅의 유리함은 중요한 결행에 있어서 매우 중요한 요소이다. 이것이 있는지 없는지 신중하게 확인해야 한다.

장수의 자질은 지智·신信·인仁·용勇·엄嚴이다

'장수'는 다섯 가지 덕성을 갖추어야 한다고 손자는 말한다.

① 지智 - 두뇌의 회전
② 신信 - 사람들로부터의 신뢰
③ 인仁 - 인간미
④ 용勇 - 용기

⑤ 엄嚴 - 엄격함

> 병법의 개조開祖 태공망은 장수에게는 용勇, 지智, 인仁, 신信, 충
> 忠이 필요하다고 했다. 평화의 시대였기 때문에 잃어버리기 쉬운
> 용을 가장 앞에 둔 것이다.*
>
> 손자언의孫子諺義

　손자는 한편으로 장수가 피해야 할 다섯 가지 함정을 들고 있는데,
긍정과 부정의 양면으로부터 장수가 그러해야 할 모습으로 삼고 있
다. 예를 들어 덕성으로서는 인간미가 필요한 것을, 함정으로서는 인
정에 너무 약한 것을 들 수 있다.**
　분명히 이는 방패의 양면이다. 인간의 모순을 직시하는 이러한 견
해도 손자의 매력일 것이다.

＊　030쪽 〈손자의 병법이란〉 참조.
＊＊　164쪽 〈장수에게는 5가지 위기가 있다. 죽음을 각오하면 죽을 것이요, 살려고 하면 포로가
　　된다. 성미가 급해 성을 내면 기만을 당한다. 청렴결백하면 모욕을 당하고, 병사를 너무 아끼
　　면 번민에 빠진다〉 참조.

승산이 많으면 승리하고 승산이 적으면 승리할 수 없다

어느 시대에든 결행할지 말지의 결단은 지도자에게 있어서 가장 중요하며 게다가 가장 어려운 문제이다.

기원전 11세기 이전 은殷 대에는 수골(짐승의 뼈)을 구워 그 균열의 형태에 따라 점을 치는 방법이 취해졌다. 시대가 흐르자 선조를 제사 지내는 영묘에 깃들어 그 신불의 계시를 듣고 나아가 그 영묘에 중신 重臣을 모아 협의하게 되었다. 이를 '묘산廟算'이라고 한다.

손자는 '묘산'의 새로운 방법을 도입했다. 의사 결정은 신령인 신불의 계시나 군주의 즉흥적인 착상이 아니라, 객관적인 계산에 근거해야 한다는 것이었다. 즉 '오사伍事'에 비추어, 그리고 '칠계七計'에 의해 그들의 전력을 비교한다. 그것이 '산算'이다. 그리하여 승산이 있으면 싸우고 없으면 싸우지 않는다. 당연한 전술이지만 의외로 이 일이 실행되지 않았다는 점을 역사는 보여 주고 있다.

손자의 이 사고방식은 오늘의 모의실험, 실현 가능성 조사 등의 사고방식에 통하는 부분이 있다.***

*** 022쪽 〈전쟁은 국가의 중대사이며, 국민의 생사와 국가의 존망이 달린 길이니 잘 살펴보아야 한다〉와 024쪽 〈임금은 어느 쪽이 훌륭한가, 장수는 누가 유능한가, 기상과 지리는 어느 쪽에 유리한가, 법령은 어느 쪽이 잘 지켜지나, 진영은 어느 쪽이 잘 단결됐나, 병사들은 어느 쪽이 잘 훈련됐나, 상벌은 어느 쪽이 분명한가, 이것만 보면 승부를 알 수 있다〉 참조.

손자의 병법이란

'손자' 하면 병법, '병법' 하면 손자…… 이처럼 손자는 병법의 대명사와 같이 인식되고 있다.

그럼 병법兵法이란 무엇일까? 한마디로 말하면 고대 중국에서 만들어진 독특한 전략 전술의 체계다. 왜 독특한가 하면 그것은 단순한 전쟁의 기술이 아니라, 투쟁이라는 장에서 인간의 마음과 행동을 똑똑히 확인하여 승부의 철학으로까지 깊어지기 때문이다.

병법의 개조開祖는 낚시꾼의 별칭인 '태공망太公望'으로 알려진 여상呂尚이라고 한다. 기원전 12세기, 여상이 낚시를 하고 있는 곳에 우연히 사냥하러 왔다가 마주친 주나라 문왕文王으로부터 "당신이야말로 우리 태공(아버지) 대부터 대망하고 있던 인물이다"라는 신임을 받고 주나라의 건국에 전력을 다한 대전략가다.

그 비전을 전달한 것이 병법서 『육도六韜』『삼략三略』이라고 하는데 이는 전설이었고, 그 성립은 훨씬 후세까지 내려가 내용적으로도 손자의 경지에는 이르지 않는다. 병법의 실질적인 창시자는 역시 손자라는 뜻이다.

『손자병법』의 큰 특징은 우격다짐으로 무리하게 이기려고 하지 않는다는 데 있다. 상대의 힘을 이용하여 상대가 자신의 힘으로 스스로 지게 만든다. 그것이 '책策'이다. 책策은 단지 다른 사람을 속이는 일이 아니라, 이기기 위해 자신과 상대의 힘을 가장 효과적으로 통제하는 지혜이다.

따라서 주도면밀한 조사와 계획, 만전의 준비를 매우 중시하는 것도 손자의 특징이다.

『손자』 외에 앞에서 말한 2권, 그리고 『오자吳子』『위료자尉繚子』『사마법司馬法』 『이위공문대李衛公問對』를 합해 무경칠서武經七書라고 한다.

2장

병문졸속을 존중한다

★ 작전作戰 편

용병은 서툴러도 신속하게 한다는 말은 들었지만
교묘히 오래 끌어야 하는 상황은 보지 못했다

'잽싸게 빨리 하는 것이 좋다'라는 말을 조금 멋있게 바꾸면 '병문졸속兵聞拙速을 존중하라'가 된다. 그 근원이 된 것이『손자』의 이 구절이다.

전쟁은 다소 어설프더라도 재빨리 승부를 보는 것이 좋다. 전술이 뛰어나도 그것을 오래 끌어서 좋다는 보증은 없다.

손자는 그 이유를 다음과 같이 설명한다.

전쟁이라는 수단은 비록 이기더라도 장기전이 되면 병력은 소모되고 사기도 쇠퇴한다. 공격력에는 제한이 있으며 군대를 오래 주둔시키면 국가 재정이 부족하다. 그러면 다른 나라들이 그 틈을 타 침입하려고 할 것이다.

소모가 심한 전쟁은 단기간에 끝내는 것이 가장 좋다.
또 하나 여기에서는 언급하지 않지만『손자』「병세兵勢」편에는 '맹금이 사냥감을 습격하는 것은 순간적인 충격력에 의한다'라고 되어 있는데 이것도 단기 결전을 존중하는 이유라고 생각된다.

에너지는 집중적으로 폭발시킴으로 인해 위력을 증가시킨다. 시간이 있으면 질질 끌게 되고, 시간을 제한하면 긴장해서 힘을 발휘하는 일은 일상생활에서도 자주 있다.

전쟁을 오래 끌어 국가에 이익을 초래한 예는 없다

소모가 심한 전쟁을 오래 끌게 해서 좋은 일은 전혀 없다. 이것은 분명한 사실이다. 강대국이라도 오래 끌어서 실패한 실례를 우리는 가까이에서 보아 왔다.

그러나 상대방에서 공격해 온 전쟁의 경우, 장기화를 우려하여 빨리 손을 들어 버리는 일이 좋다는 뜻은 아니다. 그러한 의미에서 주목해야 할 중국의 논문이 있다. 루거우차오廬溝橋 사건 발발 후 10개월째인 1938년 5월 마오쩌둥이 발표하여 항일전의 지침이 된 「지구전론持久戰論」의 일부를 소개하겠다.

＊ 095쪽 〈맹금은 사냥감을 습격하여 한 번의 공격으로 죽인다. 그것은 한순간에 힘을 집중시키기 때문이다〉 참조.
＊＊ 중국 베이징 시의 남쪽 교외에 있는 융딩강(永定江)에 놓인 다리로, 1937년 7월 7일 밤 중국군과 일본군이 이 다리에서 충돌하여 중일전쟁의 발단이 되었다.

우리도 속전을 좋아하지 않을 리 없고 내일 아침이라도 귀신들을 쫓아 버리는 일에는 누구나 찬성할 것이다. 하지만 일정 조건이 없는 한 속전은 머릿속에 존재할 뿐이며 환상과 사이비 이론에 지나지 않는다는 점을 우리는 지적한다. 우리는 객관적 또는 전면적으로 적과 우리의 모든 상황을 판단하여 하는 전략적인 지구전만이 최후의 승리를 쟁취하는 유일한 길이라는 점을 지적하는 것이다.

전쟁이 얼마큼의 기간을 요하는지는 아무도 예측할 수 없다. 이는 완전히 적과 우리의 힘의 변화 정도에 따라 결정된다. 전쟁 기간을 단축하려고 생각하는 모든 사람들은 자신의 힘의 증대, 적의 힘 감소를 위해 노력하는 일 외에는 방법이 없다.

폐해를 충분히 알지 못하면 효과를 충분히 올릴 수 없다

전쟁을 일으키는 해로움을 모르면 전쟁으로 얻게 될 이익도 잘 알지 못한다.

어떠한 일이든 긍정적인 면만 있거나 또는 부정적인 면만 있을 수는 없다. 전쟁으로 얻는 것(이득)에 눈이 멀어 잃는 것(해)을 계산에 넣지 않으면 전쟁의 성과를 올리기는커녕 패배로 끝나 버린다.

사업 계획에서도 똑같다. 단점도 충분히 계산한 계획이 아니면 완전하다고 할 수 없다. 현대 중국에서는 개혁이나 새로운 정책을 실시하려고 하는 경우, 보통 특정 지역이나 부문에 한하여 시험적으로 실시해 본다.

그리고 긍정적인 면과 부정적인 면을 잘 살펴본 다음 수정하여 전국적으로 실시하는 것이 원칙이다. 이는 '손자병법'에 통하는 방법으로 흥미 깊다.

그러나 때에 따라서는 정치적인 이유 때문인지 아니면 지나친 주관주의 때문인지, 시행 도중에 긍정적인 면만 대대적으로 선전되고 부정적인 면의 규명이 충분히 이루어지지 않은 채 실시되어 버리는 경우가 있다. 현실에서 이러한 경우는 결과가 좋지 않은 듯하다.

사람을 부리는 경우에서도 마찬가지이며, 상대의 단점을 잘 아는 것이 그 장점을 잘 살려 힘을 발휘하게 하는 법이다.

싸움을 잘하는 사람은 징병이나 병량 수송을 반복하지 않는다
군수품은 자국으로부터 가져오되 식량은 가능한 한 적지에서 조달한다

손자 이전의 전쟁은 임기응변과 같았다.

당장이라도 큰 변동이 일어날 것 같은 급박한 정세라면 적당한 수를 징병하고 병량을 수송하여 싸워 보아, 부족하면 조금씩 이 일을 반복하였다.

손자는 이와 달리 계획적인 절차에 의한 효율화의 도모를 이야기하였다. 계획적인 절차에 의한 효율화, 최적량의 추구라는 사고방식은 오늘날의 IE industrial engineering(산업공학)와 통하는 부분이 있다. 재미있는 점은 손자가 이상적인 효율화로써 식량의 적지 조달을 이야기하고 있다는 것이다. 수탈이라는 문제를 별개로 하면, 사고방식으로서는 해외로의 공장 진출을 연상시킨다.

적을 죽이는 것은 화의 감정이 있기 때문이며
전리품을 빼앗는 것은 물욕이 있기 때문이다

요즘에는 소집되어 전지에서 군대 생활을 한 경험이 있는 사람이 흔치 않을 듯하다. 전투 경험이 있는 이의 경험에 의하면 처음에는 적이라고 해도 발포하는 데에 주저하게 된다. 그런데 전우가 총에 맞는 장면을 보면 화가 공포보다 커져 맹렬하게 전의가 끓어오른다고 한다.

저주스러운 체험이지만 손자의 이 지적을 뒷받침하는 실례이다.

어떠한 경우든 사람을 행동으로 몰고 가는 '마음'의 작용은 크다. 사람을 움직이게 하고, 사람을 일하게 하는 경우 등에 있어 우선 상대의 마음 상태를 생각해 보자.

당唐의 장온고張蘊古는 "사람을 부리는 데에 마음을 활용하라"고 했다. 이는 제왕학帝王學의 기본이다.

물론 모든 사람이 모든 경우에 마음만으로 움직이는 것은 아니다. 인간은 그 정도로 쉽지 않다. 사람을 행동하게 하는 '물物'의 작용도 무시할 수 없다.

금金만으로 사람은 움직이지 않지만, 그렇다고 마음만으로 움직인다고도 할 수 없다. 마음과 물질. 그것은 차의 앞바퀴와 뒷바퀴다. 둘 중 한쪽만 빠져도 차는 원활하게 움직이지 않는다. 전륜 구동차를 선택할지 후륜 구동차를 선택할지 고민한다면, 사실상 이상적인 것은 사륜 구동차일 것이다.

적을 이겨 아군을 보강한다

당연한 말이지만 적을 이겨 아군을 튼튼히 하는 일은 매우 어렵다. 까딱 하면 적을 이긴 후 오히려 약해져 버리는 경우가 많다.

우선 승리한 것은 좋지만 그 다음 교만하거나 방심하여 실패하는 모습을 생각할 수 있다. 이는 물론 중요한 마음가짐이지만 손자가 여기에서 말하고 있는 바는 그런 것은 아니다. 여기에서의 주제는 승리의 성과를 어떻게 사용할지에 관한 것이다. 그에 따라 점점 강해질 수도 있고 약해질 수도 있다. 손자는 그 점을 이렇게 이야기하고 있다.

적의 전차를 10대 이상이나 포획했을 때는 그 계기를 만든 자에게 상을 주는 일뿐만 아니라 빼앗은 전차의 깃발을 바꾸어 자국 군대에 편입시키고 적병은 좋은 대우를 해 준다. 이것이 적을 이겨 아군을 보강하는 방법이다.

전쟁의 성과를 낭비해 버리는 것이 아니라 이를 다음 단계의 새로운 전투력으로서 활용하는 방법이다.

가난한 사람은 들어온 돈을 소비하는 방법밖에 알지 못하지만, 부자는 번 돈을 재투자하여 증가시킨다. '부가 부를 점점 증가시킨다'는 뜻이다.

전쟁의 요체는 이기는 데 있지 오래 끄는 데 있지 않다

전쟁은 이기는 것이 목적이다. 언제까지나 싸우면 좋은 것이 아니다.

냉정하게 또 객관적으로 생각하면 이는 당연한 말이다. 싸워서 자신의 의도를 실현시키는 것이 목적이며, 전쟁은 그 수단에 지나지 않는다. 그러나 몰두하여 싸우고 있으면 전후의 구별이 사라져, 싸우기 위해 싸우고 있는 것처럼 되기 쉽다.

손자는 이를 경계하였다. 예를 들어 '논쟁'을 생각해 보자. 원래의 목적은 자신의 주장을 상대에게 납득시키기 위해서이며 또는 논쟁을 통해 무언가 새로운 바를 만들어 내려고 하는 데 있다. 그런데 화가 나면 상대의 말꼬리를 잡거나 상대를 손상시키는 데 몰두하며 서로 욕하는 일로 흘러 버리는 경우가 자주 있다.

그런 일은 학술 논쟁으로부터 부부 싸움에 이르기까지 공통적이다. 이러한 싸움은 아무런 도움이 되지 않는다. 인간관계, 일, 사업, 돈벌이…… 및 모든 일에 대해 똑같이 말할 수 있다. 자기도 모르는 사이에 수단을 목적과 같이 믿어 버리는 것이다.

그 수단 자체를 즐길 작정이라면 다르지만, 끊임없이 '무엇을 위해?'라는 점을 자기 자신에게 다시 고쳐 물어 수단으로서 적합한지 아닌지를 검증하는 일이 필요하다.

손자는 어떤 인물인가

병법서 『손자』는 손자의 이야기를 기록한 책이다. 그 손자란 도대체 어떠한 인물일까? '자子'는 고대 중국의 남성을 높이는 말이므로 '손자'는 '손 선생'이라는 뜻이 된다.

그런데 고대 중국에는 '손 선생'이라 불리는 병법의 대가가 2명 있었다. 한 사람은 기원전 6세기 춘추시대 말기에 공자와 거의 동시대에 태어난 손무孫武이며, 또 한 사람은 그로부터 약 백 년 뒤에 나온 손빈孫臏이다. 복잡해서 알기 어려우므로 일단 정리해 두자.

『손자』는 예로부터 손무의 저서라고 불려 왔지만 손빈의 저서가 아닐까라는 의문도 있어 왔다. 그런데 1972년 4월 산둥성 린이臨沂에서 발굴된 한漢 대의 무덤에서 『손빈병법』으로 보이는 죽간竹簡이 출토되어, 종래 전해져 온 『손자』는 역시 손무의 저서라는 사실이 확인되었다.

손무는 제齊나라(지금의 산둥성) 출생으로 오吳나라(지금의 장쑤성)의 장군이 되었다. 그 취임 시의 일화가 『사기史記』에 쓰여 있다.

오 왕 합려가 "병법의 실제를 보고 싶다"라고 하자 손무는 궁중의 미녀 180명을 불러 부대를 편성하여 왕의 애첩을 대장으로 임명했다. 이어 전원에게 무기를 갖게 하고 호령에 따라 아래, 오른쪽, 왼쪽, 위를 보도록 가르쳤다. 손무가 호령을 하자 모두 키득거리기만 했다. 손무는 반복해서 설명하고 또 호령을 했다. 그러나 여자들은 역시 웃기만 했다.

"아까는 제대로 알려 주지 못한 장수인 나에게 책임이 있지만, 이번에는 알고 있는데도 이행이 안 되는 것은 대장의 책임이다"라고 하며 왕의 애첩의 목을 베어 죽이려 했다. 왕은 당황하여 그만두라고 했지만 손무는 "장수로 임명되었기 때문에 왕명이라도 거역할 수 있습니다"라고 하여 애첩의 목을 베어 죽였다.

그리고 새로운 대장을 임명하여 호령을 하자 미녀들은 정연하게 그를 따랐다. 이 현장이 쑤저우에 있다.* 물론 전설로서 사실史實이 아닐 확률도 있지만 '소유권과 경영권의 관계'를 생각하게 하는 우화라 할 수 있다.

그 후 『사기』에는 "오나라가 서방의 초나라를 깨고, 북으로는 제나라와 진나라를 위협하여 천하에 이름을 울려 퍼지게 한 것은 손무의 활동에 의한 부분이 크다"라고 기록되어 있다.

사실 오나라는 지금의 후베이성湖北省 장링江陵에 있던 초나라의 도읍을 함락시켰지만 처음에 오 왕 합려가 초나라를 공격하려고 했을 때, 손무는 "백성은 피로하고 아직 하늘의 때는 아닙니다"라며 제지했다. 그로부터 4년 뒤 손무는 초의 예속국에

---

* 254쪽 〈쑤저우는 손자의 연고지〉 참조.

서 반초反楚의 움직임이 나온 사실을 확인하고 이와 동맹한 다음 출격하여 승리를 거두었다.

그 밖의 업적에 대해서는 불명하며 만년의 일도 알 수 없다. 평화롭게 은퇴하여 타이후호太湖에서 조용한 여생을 보냈으리라고 추측할 뿐이다. 시대는 매우 떨어져 있지만 손자와 대등한 평가를 받는 병법가인 오자의 최후와 대조적이다. 오자는 재상으로서 화려한 활동을 한 후 정적에게 암살되어 비명의 최후를 맞았다.

물론 각자의 생활 방식이며 어느 쪽이 좋다고는 할 수 없지만, 손무가 『노자老子』의 혈통을 잇는 데 비해, 오자는 이후 『한비자韓非子』에도 인용되는 법가적인 정치가였다.

또 한 명의 손자 _ 손빈

손빈은 손무의 손자라고 불리며, 전국시대 중간쯤 되는 시기에 제齊나라의 군사軍
師였던 인물이다.

손빈은 젊을 때 함께 병법을 배운 친구인 방연에게 속아 누명을 쓰고 발목이 잘리는
형벌을 받아 위魏나라의 도읍 대량[大梁](지금의 허난성 카이펑開封)에서 포로 신세가
되었다. 때마침 위나라를 방문한 제나라의 사신에게 구제되어 탈출한 뒤 귀국하여,
손빈은 제나라 장군 전기田忌의 귀한 손님이 되었다.

전기는 내기를 좋아하여 자주 왕자들과 경마(차)를 즐겼다. 그 모습을 본 손빈은 전
기에게 계책을 냈다. 자신의 가장 느린 차와 상대의 가장 빠른 차를 한 조로 짜고,
자신의 가장 빠른 차는 상대의 두 번째 빠른 차와, 자신의 두 번째 빠른 차는 상대의
가장 느린 차와 대전시켰다. 그 결과 전기는 한 번 졌지만 두 번째는 이겨서 보기 좋
게 상금을 탔다. 이 이야기도 『사기』에 기록되어 있다.

전기의 추천을 받은 왕은 손빈을 장수로 임명하려고 했으나, 그는 누명이긴 해도 전
과자 신세였다. 때문에 손빈은 군사직을 사퇴하고 황마차幌馬車 안에서 작전을 짜

여러 번 큰 공을 세운다. 손빈은 멋진 작전으로 위나라군을 격파함과 동시에 위나라의 장군이 된 원수 방연을 자해하게 하여 복수를 달성하였다.

손빈의 병법은 그의 서명書名이 기록되어 있을 뿐 실물은 전해지지 않아 예로부터 불가사의로 여겨졌으며, 죽간이 출토된 경위는 앞에서 말한 바와 같다.* 중국의 고고학자에 의해 판독할 수 있는 만큼만 출간되었지만 빠진 부분이 많고 고대의 표현이므로 매우 난해하다.

본서에서는 그중 비교적 의미가 통하는 부분을 골라 13장에 게재하였다.

---

* 043쪽 〈손자는 어떤 인물인가〉 참조.

3장

싸우지 않고
이기는 것이
최고의 승리다

★ 모공謀攻 편

적을 알고 나를 알면 백 번 싸워도 위태롭지 않다

'상대를 알고 자신을 알면 몇 번 싸워도 위태롭지 않다'는 말은 매사를 일면적으로 보지 않고 이면적 사고를 한다는 뜻이다. 마오쩌둥은 그의 논문에서 종종 이 말을 인용하여 다음과 같이 설명하고 있다.

> 문제를 연구하는 데에는 주관적, 일면적, 표면적이 되어서는 안 된다. ……일면적이란 문제를 전체적으로 보지 못하는 것이다. 예를 들어 중국에 대해서만 알고 다른 나라는 모른다. ……순조로운 상황만 알고 곤란한 상황은 모른다. 과거만 알고 미래를 모른다. 개체만 알고 전체를 모른다. 단점만 알고 성과는 모른다. ……이렇게 해서는 모순을 해결할 수 없다. ……손자는 군사를 논하며 "그를 알고 나를 알면 백 번 싸워도 위태롭지 않다"라고 했다. 그는 전쟁을 하는 쌍방에 대해 말하고 있다. 당唐 대의 위징魏徵은 "양쪽 말을 들으면 밝고 한쪽 말만 믿으면 어둡다(「모순론」)"라고 했는데 역시 일면적인 것은 틀렸다는 점을 이해하고 있다.
>
> 손자의 법칙 '그를 알고 나를 알면 백 번 싸워도 위태롭지 않다'는 과학적 진리다. 실패는 상대에 대한 무지로부터 생긴다.
>
> 「지구전론」

병법은 나라를 온전히 보존하면서 이기는 것을 으뜸으로 치고
쳐부수는 건 그 다음이다

이 구절의 해석은 예로부터 두 가지다.

전략의 원칙은 자국에 손해를 입히지 않고 전쟁 목적을 달성하는 것이 상책이며, 손해를 입혀서 이기는 것은 차선책이다.

이는 '나라'를 '자국'이라고 해석한 것인데, 그 해석을 다음과 같이 '적국'이라고 바꾸어 말할 수도 있다.

전략의 원칙은 적국에 손해를 입히지 않고 전쟁 목적을 달성하는 것이 상책이며, 손해를 입혀서 이기는 것은 차선책이다.

고대 중국의 문장은 간결하기 때문에 이렇게 두 가지 해석이 가능하며, 또 모두 옳다고 할 수 있다. 어떤 해석이 맞는지를 논해도 별 의미가 없다.

이는 전자와 같이 읽든 후자와 같이 읽든, 결국은 '무력을 사용하지 않고 이기는 것이 상책이다'라는 뜻이며 손자가 말하려고 하는 바는 틀림없이 그 한 점에 있다고 생각할 수 있기 때문이다.

덧붙여 『손자』의 원문은 여기에 이어서 '군軍(군단)' '려旅(려단)' '졸

卒(대대)' '伍(소대)의 각 단계마다 '지키는 것이 상책이며' '쳐부수는 것은 그 다음이다'라고 강조하고 있다.

백 번 싸워 백 번 이기는 걸 최선이라 하지 않는다
싸우지 않고 상대를 굴복시키는 것이 최선이다

백 번 싸워서 백 번 이겼다고 해도 그것은 최상의 승리라고는 할 수 없다. 싸우지 않고 상대를 굴복시키는 것이야말로 최상의 승리다.

손자의 가장 유명한 말이며 '손자병법'의 진수를 나타내는 말이다. 비록 항상 승리했다고 해도 싸우는 데에는 희생이 따르는 법이다. 또한 백 번 이겼다고 해도 101회째에는 질지도 모른다.

싸움은 그 자체가 목적이 아니라 하나의 수단에 지나지 않는다. 그렇다면 싸우지 않고 목적을 달성하는 것이 최상이다.

인간은 자칫하면 눈앞의 것에 사로잡히기 쉽다. 어떠한 목적을 위해 무언가를 하여 몰두하게 되면, 하고 있는 일 그 자체가 목적이라고 착각해 버리고 만다. 나무를 보고 숲을 보지 못하게 되어 버리는 것이다.

매사를 객관적으로 보고 근원으로 거슬러 올라가는 사고방식이 필요하다. 나라를 지키기 위한 군비軍備가 국가를 위협하는 것은 난센스다. 이러한 이유로, 최상의 전쟁 방법은 '모謀(꾀·모략)'가 된다.*

전쟁에서 최상책은 적의 꾀를 치는 것이고
그 다음은 적의 외교정책을 치는 것이며
그 다음은 적병을 치는 것이고
그 다음은 성을 공격하는 것이다

전쟁에서 최상책은 정략政略에 따라 적을 굴복시키는 것이다. 그 다음은 적의 동맹 관계를 끊어 고립시키는 것이다. 그 다음이 교전하는 것이며, 적의 성을 공격하는 것은 가장 나중이다.

'모謀'를 모략이라고 번역한 책도 있고 여기에서는 '꾀'라고도 번역하였지만, 사실 '모謀'의 내용은 조금 더 넓은 것으로 생각된다. 손

---

* 054쪽 〈전쟁에서 최상책은 적의 꾀를 치는 것이고 그 다음은 적의 외교정책을 치는 것이며 그 다음은 적병을 치는 것이고 그 다음은 성을 공격하는 것이다〉 참조.

자의 사상으로부터 판단하면, 완력이 아닌 일체의 수단이 된다. 이는 손자뿐만 아니라 예로부터 중국인(특히 한족)에게 일관된 사고방식이었다.

『오자』에는 '수레의 힘이 아니라 성인聖人의 꾀'라고 나와 있다. 전차나 기병의 무력이 아니라 성인―덕과 지를 갖춘 이상적 인물―의 지혜라는 것이다. 진秦의 시황제를 모신 병법가 위료자의 병법서『위료자』에는 "무기를 꺼내 보지도 않고 이기는 것은 군주의 승리다. 진을 쳐서 이기는 것은 장군의 승리다"라고 하였다. 전쟁을 하지 않고 이기는 것은 군주의 승리이며 전쟁은 그보다 등급이 내려가 장군의 승리에 지나지 않는다. 전략이 지도자의 일인 것이다.

중국인은 매우 싸움을 좋아하지만, 치고받고 싸우는 것은 경멸한다. 설전, 그것도 제3자에게 상대의 나쁜 점을 하소연하는 것이 그들의 방식이다. 외교전에서도 그러하며, 거리의 싸움에서도 구경꾼에게 하소연한다. '가두에서 큰소리로 떠들다罵街'라는 술어가 있을 정도다. 동맹을 끊어 상대를 고립시키기 위한 방법이라고 하겠다.

정말 싸움을 잘하는 사람은 무력을 사용하지 않고 적군을 굴복시킨다.

이어 다음의 문장이 이어진다.

공격하지 않고 성을 함락시킨다. 오래 걸리지 않고 적을 무너뜨린다. 반드시 온전한 그대로의 천하를 다퉈야 한다. 그래야 군사력의 손실 없이 이익이 고스란히 남는다.

적의 성을 빼앗는다고 해도 무력으로 공격하는 일은 하지 않는다. 적국을 멸망시킨다고 해도 오래 하지는 않는다. 아군은 손실 없이, 상대는 모조리 해치워 버린다. 따라서 병력을 소모하지 않고 완전한 승리를 손에 넣을 수 있다. 손자는 이를 '모공謀攻의 법'이라고 했다.

**병법에서는 10배일 때는 적을 포위하며, 5배일 때는 적을 공격하며,
2배가 되면 적군을 분산시킨다**

'적을 알고 나를 알면 백 번 싸워도 위태롭지 않다'는 『손자병법』의
근간이지만, 아군의 병력을 알고 나서 이 전략을 어떻게 사용하는지
가 이 항목의 주안점이다. 병력은 다소에 따라 그 나름대로 사용하지
않으면 효과가 없는 법이다.

병력에 따른 싸움의 원칙은 이러하다. 즉, 아군의 병력이 적군의
10배일 때는 포위하여 완전하게 요리한다. 5배이면 정면 공격한
다. 2배이면 이를 2분하여 적을 협공하는 것이 좋다.

여기에는 이상적인 모습으로서 융통성을 가지고 싸워야 한다는 점
이 강조되고 있다. 무리 없는 만전의 성공을 거두는 데에 충분히 융통
성 있는 힘을 갖추어야 한다는 점은 말할 것도 없다.

문제는 그 '융통성'의 사용 방법이다. 아무리 융통성이 있어도 만연
하게 낭비해 버려서는 도움이 되지 않는다. 손자는 10배, 5배, 2배로
우세한 병력량에 따른 싸움 방법을 제시했다. 이는 비유로서도 성립된

※ 051쪽 〈적을 알고 나를 알면 백 번 싸워도 위태롭지 않다〉 참조.

다. 자금량에 따른 사업 계획이나 머니게임, 또는 시간의 여유에 따른 일의 진행 방법 등 당신이라면 이를 어떻게 사용할 수 있을까?

수가 비슷하면 열심히 싸우고, 수가 적으면 도망가고, 이와 같지 않으면 피해야 한다

이것도 앞의 문장에 이어서 병력의 많고 적음, 강약에 따른 싸움법이다.

대항할 수 있다면 싸워도 좋지만 만약 적보다 약하다면 재빨리 도망치는 것이 좋고, 이길 수 없는 상대라면 부딪히지 않도록 해야 한다.

도망치는 것은 매우 용기와 결단력을 요하는 일이다. 손자는 피하는 일에 적극적인 의미를 갖게 하여 이에 대한 명언 몇 가지를 남겼다.*

---

* 018쪽 〈강하면 피하라〉와 114쪽 〈신속하면 뒤쫓지 못한다〉 참조.

지금까지도 '36계 줄행랑이 제일'이라고 한다. 이는 병법서 『삼십육계』—5세기 말 남제南齊 왕조의 역사를 기록한 『남제서南齊書』에 그 이름이 처음 나오며, 지금 유포되고 있는 『삼십육계』는 명 말에 성립된 책이라고 하며 36개 항목의 계략을 들고 있다—의 마지막 항목에 '도망치는 것이 상책이다'라는 문장에 의한다.

나아가 이 문장은 다음과 같이 설명되고 있어, 정말로 손자의 정신에 근거함을 분명히 한다.

> 적이 압도적으로 강하여 싸울 수 없는 경우의 계략은 항복하거나 강화講和하거나 도망치기, 이 세 가지밖에 방법이 없다. 항복은 '전패全敗'이며 강화는 '반패半敗', 도망은 '미패未敗'이다. 미패는 아직 지지 않은 것으로서 승리에의 전환점이 될 수 있다.

작은 적이 견고하게 지키더라도 큰 적의 포로가 된다

약한 주제에 강한 체하고 있으면 우세한 상대에게 사로잡혀 버린다.

이 구절은 병력에 따른 싸움 방법을 이야기한 앞의 두 항목에 이어서 기재되어 있다. 자신의 힘을 객관적으로 바르게 평가하지 못하고 과신하고 있는 사람에 대한 경계다.

원문의 '견堅'은 옛날부터 다양한 해석이 이루어지고 있다. '완고하다' '융통성이 없다' 등 나쁜 의미로 하면 모두에 든 번역문과 같이 된다. 또한 '견'을 '견고' '정강精强' '탄탄함' 등 좋은 의미로 해석하면 '아무리 강해도 어차피 작은 물고기는 큰 물고기에게 이길 수 없다'가 된다.

어느 쪽 해석이든 자신의 분수를 알고 그 나름의 대응을 하라는 뜻이다. 단, 손자는 소小는 대大에 당해 낼 수 없으므로 그대로 물러나서 항복하라는 점을 말하고자 했다.

소小에는 소의 강함이 있다. 그 점을 찾아내야 한다.

장군은 군주의 보좌역이다
군주와 장군의 사이가 잘 맞으면 나라는 강해지며,
틈이 있으면 나라는 약해질 것이다

중국 왕조 흥망의 역사를 보면 훌륭한 군주라는 말을 듣는 인물에게는 반드시 좋은 보좌역이 있으며 그 둘의 호흡이 잘 맞았다.

기원전 11세기, 은殷나라를 쓰러트리고 주周 왕조의 천하를 수립한 무왕에게는 제齊나라의 주공周公 단旦이 있었다. 무왕은 주공 단을 신뢰하고, 주공 단은 사심을 버리고 그 믿음에 보답했다.

기원 전 7세기, 천하를 정복한 제齊나라의 환공에게는 뛰어난 재상 관중이 있었다. 환공은 일찍이 자신을 적대한 관중을 등용하고 관중은 자주 그 신뢰에 보답했다.

춘추시대의 최대 드라마인 오월 항쟁에서 보좌역 오자서를 의심하여 죽음으로 몰아넣은 오 왕 부차는, 영민한 지혜를 갖춘 범여의 보좌를 받아들인 월 왕 구천에 의해 멸망했다.

진秦나라 말의 쟁패전에서 군사軍師인 범증을 믿지 않았던 항우는 많은 보좌역을 가지고 있는 유방에게 패했다.

이러한 예는 일일이 나열할 수 없을 정도로 많다. 이와 같은 무수한 사례를 보며 주의해야 하는 점은 양자의 관계는 상대적이므로 상호의 인간성과 배려 여하가 양자의 사이에 '틈'을 발생시키기도 하고 메워 주기도 한다는 것이다.

군주가 군에 재난을 초래하는 세 가지 경우가 있다

① 실정도 모르고 진격 명령을 내리거나 퇴각하라고 하는 경우
② 전군全軍의 내부 사정을 모르고 군사행정에 간섭하는 경우

③ 전군의 지휘 계통을 무시하고 군령을 내리는 경우

그렇다고 손자의 말처럼, 군주는 명령이나 군령을 일절 입 밖에 내
서는 안 되며 단지 날인만 하면 된다는 의미는 아니다.

첫째로 실정을 알지 못하면서 즉흥적으로 명령하지 말라는 뜻이고,
둘째로 조직을 무시해서는 안 된다는 뜻이다.

군주에게는 군주가 해야 할 역할이 있다.

이기기 위해서는 다섯 가지 포인트가 있다

이기기 위한 포인트로서 통솔에 관한 다섯 항목을 들 수 있다. 모두
'관리'의 문제다. 시대가 바뀌고 체제가 달라져도 관리의 기본에는 공
통점이 있다.

① 싸워야 할지, 싸우지 말아야 할지를 아는 자는 승리한다.

싸워야 할지 싸우지 말아야 할지의 판단이다. 이 판단에 있어 리더
의 의사 결정을 첫 번째로 들고 있다. 정보─그를 알고 나를 안다─

와 칠계*에 근거한 판단력의 문제다.

② 군대의 많고 적음을 쓸 줄 아는 자가 이긴다.**

병력에 따른 운용법, 즉 가장 효율적으로 싸우는 법을 강조하고 있다. 말하자면 오늘의 체제 분석system analysis과도 통하는 발상이다.

③ 상하의 뜻이 같아야 이긴다.

전체 구성원의 의사가 같은 방향으로 향하는 목표로 설정되어 있는지 여부를 말한다.

④ 싸울 준비를 끝내고 기다리는 자는 이긴다.

사전에 만전의 대응책을 마련해 놓아야 한다. 곧, 불확정성에 대한 대응이며 모든 가능성을 가정하고 그에 따른 대체안을 작성해 두어야 한다는 소리이다.

⑤ 장수가 유능하고 군주는 개입하지 않는 쪽이 이긴다.***

---

* 024쪽 〈임금은 어느 쪽이 훌륭한가, 장수는 누가 유능한가, 기상과 지리는 어느 쪽에 유리한가, 법령은 어느 쪽이 잘 지켜지나, 진영은 어느 쪽이 잘 단결됐나, 병사들은 어느 쪽이 잘 훈련됐나, 상벌은 어느 쪽이 분명한가, 이것만 보면 승부를 알 수 있다〉 참조

** 064쪽 〈상하의 뜻이 같아야 이긴다〉 참조.

*** 065쪽 〈장수가 유능하고 임금은 개입하지 않는 쪽이 이긴다〉 참조.

상하의 뜻이 같아야 이긴다

이 말은 보통 '군주와 백성이 마음을 하나로 하는 것'이라고 이해되고 있다. 그러나 군주와 백성의 '마음'을 하나로 하는 일이 가능할 리 없다. 그것은 상사와 부하, 사장과 사원, 지도자와 구성원의 관계에서도 마찬가지이며, 사람은 입장에 따라 각각 다른 의견을 가지게 되는 것이 당연하다.

손자는 정신주의자가 아니며 막연히 "마음을 하나로 하라"고 주장하지 않았다. 손자의 말은 '욕구'를 같게 하라는 뜻이다.

'욕구'란 '○○하고 싶다'라는 마음이다. 사람에 따라 다른 '마음'을 완전히 일치시키는 일은 부부 그리고 부모 자식 사이에서도 어렵다.

그러나 어느 특정 목표를 향해 '○○하고 싶다'라는 욕구를 일치시킬 수는 있다. 공통의 목표를 설정하는 일은 공동 행동의 전제이며, 그 공통 목표가 성공의 큰 조건이 된다.

조직을 움직이게 하는 리더는 구성원의 '마음'을 완전히 자신과 똑같이 하려고 하는 등의 거창한 바를 생각하기보다, 전원이 참가하여 의욕을 일으키는 일 같은 목표를 발견하는 데 힘을 쏟는 편이 좋다. 이는 '도道란 백성이 군주와 같은 마음을 갖게 하며……'라는 말과도 대응한다.* '의意'는 역시 '마음 그 자체'가 아니라 마음이 향하는 방향이다.

장수가 유능하고 임금은 개입하지 않는 쪽이 이긴다

유능한 장수를 임명했다면 그를 신뢰하고 세세하게 간섭해서는 안 된다.

이 말은 지금 시대에 더욱 절실하다고 할 수 있다.

현대사회를 지탱하는 국가나 기업의 다양한 조직은 매우 복잡화 또는 거대화되어 있어 그에 맞는 권한 위임, 의사 결정과 집행, 보고와 점검 등 조직 운영의 방법이 다각도에서 연구되어 크게 진보하고 있다.

따라서 '맡겨서 하게 하라'는 이 간단한 원리는 오늘날에 더욱더 유효하다고 할 만하다.

---

* 025쪽 〈도(道)란 백성이 군주와 같은 마음을 갖게 하며, 함께 살고 죽음에 있어 위험을 두려워하지 않게 한다〉 참조

4장

전쟁을 잘하는 사람은
쉽게 이길 만한
싸움에서
이긴다

★ 군형軍形 편

**잘 싸우는 사람은 우선 승리를 빼앗기지 않도록 준비하고
적에게 이길 기회를 기다린다**

　전쟁을 잘하는 사람은 우선 불패의 형세를 갖춘 다음 필승의 기회가 오기를 기다린다.

　무리하지 않고 성공 확률 100%에 다가간다. 그것이 '기다림'의 극치이다. 단지 수수방관하고 기다리는 것이 아니라, 자신의 태세를 갖추면서 적이 붕괴되기를 가만히 기다리는 것이다.
　또한 손자는 여기에 이어서 냉정한 분석에 따르며, 주관적이 되기 쉬운 바를 경계하고 있다.

　불패의 태세를 갖추는 것은 자신의 노력에 달려 있다. 그러나 필승의 기회가 올지 오지 않을지는 상대에게 달렸으며 자신의 마음대로 되는 일은 아니다.

이길 수 없으면 수비를 하고 이길 수 있을 때 공격한다

　이길 만한 조건이 없으면 수비를 확고히 하는 것이 좋다. 그리고

이길 수 있는 조건이 되면 공격한다.

물론 이길 수 있는 조건이 완전히 갖추어져 있지 않아도 기습에 의해 이기는 경우도 있다. 또한 궁지에 몰렸을 때 '앉아서 죽는 것보다 낫다'라고 하며 사중구활死中求活로 공격해 운 좋게 승리하는 경우도 있다. 도산에 직면한 기업이 큰 맘 먹고 한판 승부를 통해 운 좋게 만회하는 경우도 있을 것이다.

그러나 이는 어디까지나 '운이 좋은 경우'에 해당하며, 하늘에 맡기는 일이 필연적인 승리가 아니므로 모든 전쟁의 승리를 영속시킨다는 보증은 없다. 그것은 태평양전쟁에서의 기습 공격 이후를 돌아보면 쉽게 이해할 수 있을 것이다.

완전하고 안전한 승리는 역시 충분한 힘이 있을 때 공격해야 하며, 역부족일 때는 수비를 단단히 하고 힘을 비축하여 상황의 변화를 기다려야 한다. 손자는 「군형」편에서 다음과 같이 말하기도 했다.

수비로 돌리는 것은 부족해서이고, 공격은 여유가 있기 때문이다.

잘 지키는 사람은 구지九地 아래에 숨고, 잘 공격하는 사람은 구천九天에서 논다

전쟁을 잘하는 사람은 수비로 돌아갔을 때 땅속 깊이 몸을 감추는 것처럼 자신의 모습을 상대로부터 완전히 감추고 공격하게 되면 하늘 높이 뛰어다니듯이, 주도권을 쥐고 상대의 움직임을 끝까지 지켜보고 덤벼드는 것이다.

원문 '구지九地' '구천九天'의 구九는 궁극을 나타내는 숫자이며 '무한의 깊이' '무한의 높이'를 의미한다.

손자는 지켜야 하는 경우와 공격해야 하는 경우를 밝힌 앞 항목에 이어서, 가장 효율적인 수비 방법과 공격 방법을 논하고 있다.

수비하는 것은 힘이 부족하기 때문에 그 실체를 상대에게 간파당하지 않는 일이 제일이다. 공격하는 것은 힘이 남아 있기 때문이므로 그 힘을 효과적으로 사용하기 위해 자유롭게 날아다니며 상대의 급소를 찾아서 덤벼들어야 한다.

전쟁사에는 많은 예가 있는데 이를 처세법에 적용해 보는 일도 재미있다. 세상이 마음대로 안 될 때는 가만히 몸을 숨기고 있는 것이 좋다. 또한 상황이 좋지 않을 때는 시치미를 떼는 것이 좋다. 곧, 도회韜晦의 기술이다.

사람을 움직일 때 또는 '가장 중요한 순간'에는 한층 높은 입장에

서서 상대를 확실히 보고 자유자재로 날갯짓을 하면서 급소를 찌르는 것이 좋다.

누가 봐도 충분히 잘했다고 하는 승리는
정말로 뛰어난 승리라고는 할 수 없다

이긴 결과를 보고 사람들이 처음으로 '그랬던 거야?'라고 깨닫는 승리 방법이야말로 바람직하다는 뜻이다.

상식은 존중해야 하지만, 상식으로부터는 창조나 비약이 만들어지기 어렵다. 상식을 뛰어넘는 발상이 필요하다. 내막을 밝히고 나서야 비로소 알 수 있으면 콜럼버스의 달걀이다. 상식을 뛰어넘은 발상에 근거한 성공, 그것이야말로 멋진 승리다.

사람들이 눈치채지 못하는 멋진 승리는 그 밖에도 여러 가지를 생각할 수 있다.

승리를 초래하는 예견력에 대해 생각해 보자. 사람들이 알게 된 뒤 대책을 강구해서는 늦는다. 아직 바다인지 산인지도 모른 채 사람들이 손을 놓고 있을 때 재빨리 예견해야 한다. 그 예견에 근거한 성공, 그 또한 멋진 승리다.

나아가 주도면밀한 준비와 일상적인 축적이 효과를 나타낸다. 식물은 끊임없이 성장하는 모습이 사람의 눈에 보이지 않으며, 문득 눈치 챘을 때는 어느새 커져 있다. 이처럼 주도면밀한 준비와 노력의 축적에 의한 성공 역시도 멋진 승리라고 할 수 있다.

세상 사람들이 모두 칭찬하는 승리는
정말 뛰어난 승리라고는 할 수 없다

이것은 '스탠드플레이stand play(관중석의 관객들에게 자신을 돋보이고자 하는 개인 위주의 과장된 동작)'라는 점을 생각해 보면 알 수 있다. 스탠드플레이는 훌륭하고 멋져 보여 사람들의 박수갈채를 받지만 한 걸음만 틀리면 실패할 수 있는 위험을 내장하고 있다.

그 성과는 견실하게 달성된 것이 아닌 경우가 많으며 투기적인 요소가 강하다. 게다가 그것은 조직적인 행동의 성과가 아니라 개인적인 활동이며 다른 멤버는 의욕을 잃거나 반대로 개인플레이로 달리는데, 어느 쪽이라 해도 조직 기능에는 해가 된다. 즉, 성과는 크지만 잃는 것도 크다.

'진기한 아이디어' '색다른 디자인' 등도 여기에 해당한다. 그것은 다른 사람들의 눈을 끌기에 충분하며 그 나름대로의 효과는 있지만 영속성이나 실용성은 없다.

확실히 착실, 견실, 상식이라는 점만으로는 새로운 진보가 없으며 활성화하기 위해서 자극이 필요하지만, 그렇다 치더라도 충격 중시의 방법으로는 오래 지속되지 않을 것이다. 노자는 "잘 걷는 사람은 발자국이 없다(자연스럽게 걸으면 발자국은 남지 않는다)"라고 했다.

잘 싸우는 사람은 쉽게 이길 만한 싸움에서 이긴다

전쟁을 잘하는 사람은 자신에게 유리한 상황을 만들어 내거나 그러한 상황을 간파한 다음 무리 없는 승리를 한다.

이 구절 전에 손자는 이렇게 말한다.

가는 머리카락을 들어 올린다고 해서 힘이 세다고는 할 수 없다. 해나 달을 볼 수 있다고 해서 눈이 좋다고는 할 수 없다. 천둥소리를 들을 수 있다고 해서 귀가 밝다고는 하지 않는다.

이 연결에 대해 예로부터 다양한 해석이 이루어져 왔다. '전쟁을 잘하는 사람은 이러한 당연한 능력이 아니라 보통 사람이 들어 올릴 수 없는 물건을 들어 올리는 힘, 보이지 않는 물체를 보는 눈에 의해 무리 없이 승리한다'라고 해석한 학자도 있다. 그러나 이렇게 해서는 손자의 재미가 반감되며, 스탠드플레이를 피하는 손자의 사고방식에도 반한다.

이는 특별히 힘이 장사라든가, 눈이 좋다고 이야기되지 않는 승리 방법을 강조하고 있다고 해석해야 할 것이다. 즉, '전쟁을 잘하는 사람은 가는 머리카락을 집어 올리고 해와 달을 보는 것처럼 무리 없이 자연스럽게 승리한다'라는 말이 된다. 이렇게 해석해야 '이길 만한 싸움에서 이긴다'의 의미가 유지된다.

접전 끝의 '신승辛勝(간신히 이김)'은 스포츠 시합으로서는 재미있지만, 생사를 건 싸움에서는 '낙승樂勝(편안하게 이김)'으로 가고자 하는 것이다.

전쟁을 잘하는 사람은 눈에 띄는 승리 방법을 사용치 않으므로
똑똑하다든가 용맹하다고 칭찬받는 일은 없다

이 주제에 대해 두 사람의 이야기가 떠오른다.

남편 A – 나의 아내는 정말 이상한 여자다. 나는 이렇게 제멋대로인 남자인데 그녀는 결코 거역하지 않는다. 그럼에도 불구하고 나는 어

느 사인엔가 그녀가 생각하는 대로 통제되고 있다.

배우 P — 나도 젊었을 때는 매우 세련되지 않은 연극을 했다. 상대역을 무시하고 자신을 돋보이게 하려고 생각했기 때문이다. 그런데 어느 시기부터 상대를 살려 주는 일이 중요하다는 점을 깨달았다. 신기하게도 그렇게 하자 상대가 하수든 상수든 내가 생각한 대로 무대를 만들 수 있었다. 존재감을 느끼게 하지 않는 존재감을 갖는 배우가 되고 싶은 것이다.

'존재감을 느끼게 하지 않는 존재감'이란 가히 훌륭하다고 할 수 있는데, 직장에도 이러한 인물이 종종 있다. 그다지 눈에 띄지 않지만 틀림없이 일을 잘하는 큰 존재이다. 똑똑하다든가 용맹하다고 칭찬받지는 못하지만, 이러한 존재를 간과하지 않는 것이 리더의 큰 임무라 할 것이다.

**전쟁을 잘하는 사람은 자기 몸을 안전한 곳에 두고
적이 틈을 보이면 즉각 공격한다**

맹수, 예를 들어 치타가 사냥감을 노리고 있는 그림을 보면 딱 이러하다. 상대의 눈에 띄지 않도록 풀숲에 자세를 낮추고 숨어서 가만히 상대의 틈을 엿보고 있다가 순식간에 덤벼드는 것이다.

마오쩌둥은 1938년 일본군에 대한 유격전을 전개함에 있어서 이렇게 논하였다.

모든 군사행동의 지도 원칙은…… 한편으로는 자신의 힘을 가능한 한 보존하고 다른 한편으로는 적의 힘을 가능한 한 삭감하는 행동을 하는 것이다.

그럼 전쟁 중에 용감한 희생을 제창하는 일을 어떻게 해석하면 좋을까? 어떠한 전쟁에서도 대가를, 때에 따라서는 매우 큰 대가를 지불해야만 하는데, 이는 자기를 보존하는 일과 모순되지 않을까? 사실은 조금도 모순되지 않는다. 조금 더 정확하게 말하면 그것은 서로 보복하면서 서로를 성립시키고 있다. 왜냐하면 이러한 희생은 적의 소멸에 필요할 뿐만 아니라 자기 보존에도 필요하다. 부분적·일시적으로 보존하지 않는(희생되거나 대가를 지불하는) 것은 전체적·영구적으로 보존하기 위해 필요하기 때문이다.

「항일유격전의 전략 문제」

이기는 군대는 이겨 놓고 싸움에 나서며,
지는 군대는 싸움부터 하고 승리를 찾는다

충분히 승리의 태세를 갖추고 나서 싸움을 시작하는 사람은 이긴다. 싸우기 시작하고 나서 승리하려고 한다면 진다.

이는 '쉽게 이길 만한 싸움에서 이긴다'와 같은 생각이다.* 그렇기 때문에 싸우기 전부터 이미 이기고 있는 것이다.

결과론이 되지만, 태평양전쟁에 있어서의 일본군은 이 구절의 앞부분을 바르게 읽지 않았던 듯하다. 일본군은 '우선 이겨 놓고 후에 싸움에 나서라'를 오독하여, 우선 진주만 공격을 비롯한 여러 전쟁에서 이긴 다음에는 그 승리를 지렛대로 하여 전력을 증강하도록 하였다. 그러나 손자가 말하는 '우선 이겨 놓고'는 '모든 전쟁에서 이기라'는 뜻이 아니라 '시작하기 전부터 이길 수 있는 태세를 만들어 두라'는 의미였다.

자원이 부족한 일본은 거점 지역을 확대하면서 강화해야 했지만 그렇게 하지 않았다. 한편, 미군은 일본군을 압도하기에 충분한 병력과 물량을 갖춘 뒤 반격을 개시했다. '우선 이겨 놓고 나서 싸움에 나섰던

---

* 074쪽 〈잘 싸우는 사람은 쉽게 이길 만한 싸움에서 이긴다〉 참조.

것'이다.

전쟁을 잘하는 사람은 도道를 닦고 법을 지킨다

우리들은 어쨌든 '도道'라고 하면 도덕적인 바를 떠올리지만 그것은 오랜 기간에 걸친 유교의 영향에 의한 것이다. 『손자』는 효율적인 전쟁을 이야기하는 데 주안점을 두고 윤리 문제는 제외하였다. '도道'도 도덕적인 의미는 아니다.

'도道'는 문자 그대로 '도로'라는 의미로 하면 확실히 이해할 수 있다. '도道를 닦고 법을 지킨다'는 직역하면 '도로를 만들어 걷는 법을 지키게 한다'가 된다. 그리고 나서 병법으로서의 의미를 생각하면 내용을 풍부하게 이해할 수 있다.

'도道'는 '원칙' 또는 '목표', 그리고 '정치'라는 의미를 가진다. '법法'은 '조직·제도' '법칙' '병법'이라는 의미다.

이를 조합시키는 데 따라 각자 나름대로 해석할 수 있다. 가령 '전쟁을 잘하는 사람'을 리더의 조건이라 생각하면 '도'와 '법'은 다음과 같이 해석할 수 있지 않을까?

• 리더의 기능은 명확한 목표를 세워 조직 제도를 갖추는 데에 있다.

- 리더의 기능은 목표와 그 목표를 실현하기 위한 방법을 확실히 하는 데 있다.
- 리더의 기능은 원칙을 소홀히 하지 않고 규율을 지키게 하는 데 있다.

당신의 해석은 어떠한가?

병법은 첫째 도度, 둘째 양量, 셋째 수數, 넷째 칭秤, 다섯째 승勝이다

병법이란

첫째, 거리를 측정하는 일度이며

둘째, 물량을 측정하는 일量이며

셋째, 병사의 수를 세는 일數이며

넷째, 상대의 그것을 비교하는 일秤이며

다섯째, 그에 따라 승리를 얻는 일勝이다.

여기에는 계량할 수 없는 사기士氣 등의 정신적 요소는 더해지지 않는다. 그 대신 계량할 수 있는 전력의 요소는 철저하게 계량하도록 한다.

개전이 가능한지가 군주의 독단이나 감정, 또는 점에 의해 결정되었던 당시의 상황을 생각하면 이 사고방식은 놀랄 만한 진보이며 혁

명적인 제언이었다고 할 수 있다.

전쟁에는 여기에 더해 정신적 요소가 중요한 것은 말할 필요도 없지만, 불확실한 것은 일단 별개로 하고 확실한 것만 비교해 보는 것이다.

5장

세(勢)를 타고 집중해서 공격하라

★병세兵勢 편

적을 잘 움직이게 하기 위해서는,
형태를 보여 주면 적은 반드시 여기에 따른다

적을 움직이게 하려고 생각했다면 적이 반드시 움직여야만 하는 상황을 만들어 내는 것이 좋다.

이 조항은 『손자병법』의 중요한 기둥의 하나다.

강대한 무력에 의해 적을 제어하는 일에 있어서는 당연하다. 무력만 있으면 누구든지 할 수 있는 일로서, 특별히 병법을 가지고 나올 필요는 없다.

힘을 사용하지 않고 적을 자신이 생각하는 대로 통제한다는 데에 병법의 가치가 있다. 따라서 병법에 의하면 자신보다 강력한 적도 이길 수 있다.

직접 적을 움직이려고 하는 것이 아니라 적이 움직일 만한 '교묘한 장치'를 만들어 둔다. 그렇게 하기 위해서는 힘이 그렇게 많지 않아도 지혜가 있으면 된다. 힘이 있는 사람이라도 희생을 적게 하여 큰 전쟁 성과를 얻을 수 있다면 이보다 좋은 일은 없다.

이 병법이 '시형지술示形之術'이다. 형形을 보여 주어 꾀어 들이는 방법이다. 전쟁의 실례를 들어 보겠다. 기원전 4세기, 중국 전국시대의 일이다.

위魏나라의 대군이 황하를 건너 북상하여 조趙나라의 도읍 한단을 포위했다. 그러자 조나라는 동맹국인 제나라에 구원을 요청한다. 제왕은 이를 받아들여 즉시 한단에 지원군을 파견하도록 하려는데 군사 손빈이 막고 나섰다.

"전쟁에 조력을 하려고 생각했다면 직접 서로 치고받는 싸움에 가담해서는 안 됩니다. 뒤엉킨 실을 푸는 데에 무리하게 잡아당겨서는 안 됩니다. 이때 우리 군이 위나라의 도읍을 공격하면, 자연히 조나라의 포위는 풀릴 것입니다."

이 헌책獻策에 따라 제나라군은 전장으로 향하지 않고 위나라의 도읍 대량(허난성 카이펑)으로 향해 진군을 개시했다. 급보를 접한 위나라 원정군은 낭패하여, 한단의 포위를 풀고 본국으로 되돌아갔다. 제나라군은 이를 중도에서 요격하여 대승리를 거두었다. 이 고사로부터 '위나라를 포위하여 조나라를 구한다'는 뜻의 성어 '위위구조圍魏救趙'가 만들어졌다. 분쟁의 현장을 피해 상대의 급소를 찔러 손을 떼게 할 때에 사용되는 말이다.

'시형지술示形之術'은 무의식중에 인간관계에서도 일상적으로 사용되고 있다. 비근한 예로 연애에 대해 들어 보자. 상대에게 구애하는 경우, 단지 자신을 좋아해 달라고 강요한다고 해도 도움이 되지 않으며 어지간히 자존감이 낮은 사람이 아닌 한 그런 짓은 하지 않는다. 그보다 상대가 자신을 좋아하게 될 만한 상황을 만들려고 할 것이다. 이것이 곧 '시형지술'이다.

세일즈, 상품 광고 모두 이 원리가 사용되고 있다. 단지 "사 주세요"

라고 한다고 해서 고객의 지갑은 열리지 않는다. 자진해서 사고 싶어 지게 되는 상황을 만들어 내야 한다.

사람에게 '의욕'을 일으키게 하는 원리도 마찬가지다. 강제로 한다 고 해서 진정한 '의욕'이 일어나지는 않는다. '의욕'을 일으킬 만한 동 기를 부여해야만 한다. 말하자면 오늘날의 행동과학이 말하는 '동기 부여' 이론은 2천 수백 년 전 손자에 의해 제창되었던 것이다.

많은 사람을 관리할 때 적은 사람을 관리하듯이 잘하기 위해서는 몇 개의 집단으로 나누어 편제編制해야 한다

행동과학적 실험에 의하면 한 사람의 리더가 효율적으로 직접 관리 할 수 있는 인원은 5~6명이 한도인 듯하다. 손사의 말은 이 이치에 딱 맞다. 매우 상식적이지만 생각해 보면 이것이 '조직 편제'의 가장 기 본적인 원리가 되지 않을까?

전투의 역사를 되돌아보면 아주 먼 옛날에는 개인전이었다. "멀리 있는 자들은 지금부터 큰 소리로 이름을 말할 터이니 잘 들어 둬라. 나 로 말할 것 같으면……" 하는 시대이다.

이윽고 개인전이 집단 전투로 바뀐다. 이 집단 전투법에서는 구분 과 편제가 효과를 나타낸다. 중국에서 2000년 전에는 이미 군軍(1만

2500명), 사師(2500명), 려旅(500명), 졸卒(100명), 량兩(25명), 오伍(5명)라는 편제의 기록이 있다.

많은 사람을 싸우게 할 때

소인수를 지휘하듯 정연하게 움직이도록 하기 위해서는

신호기나 악기를 사용한다

원문은 '투중여투과 형명시야鬪衆如鬪寡 形名是也'이며 '형명形名'에 대해서는 예로부터 다양한 해석이 있지만 『삼국지』의 영웅이며 『손자』의 연구가이기도 했던 조조는 '깃발을 형形이라고 하며 북을 명名이라고 한다'라고 설명하였다.

깃발과 북은 혼전 상황에서도 자주 보이고 들린다. 확실히 명령이 전해지도록 하기 위한 방법이라는 점은 말할 필요가 없다.

조직 운영에 있어서 '정보 전달'의 중요성을 손자는 강조하고 있는 것이다. 깃발이나 북은 당시에 있어서 실제로 사용되던 정보 전달 용구이며, 현대에서의 구체적 상황이 물론 다르다 해도 그 본질은 같다.

사람을 움직이게 하기 위해서는 정보 전달법을 확실히 해 두어야 한다. 그 전달법이 애매하거나 도중에 사라져 버려서는 안 된다. 리더의 뜻이 구성원 한 사람 한 사람에게 직접, 그리고 명확하게 전달될 필요가 있다. 그것이 깃발이며 북이다.

공격하는 이상, 바위로 계란을 치듯이 쉽게 이기는 것이 좋다

그러려면 자신의 힘을 충실하게 하여 상대의 틈을 노려야 한다

  손자는 주의가 깊다. 성질이 급한 사람이라면 진절머리를 낼 정도로 주의 깊다.

  물론 여차하면 '질풍과 같이' 되지만, 어쨌든 그때까지는 철저하게 준비를 거듭하여 안전성을 확인하고 나서 행동을 일으키도록 하고 있다.

  단, 자신의 힘을 충실하게 하는 것만으로는 불충분하다. 상대에게 이길 수 있는 만큼의 힘을 갖추면서, 더욱이 상대의 틈을 공략하는 일이므로 참으로 대단하다.

  '틈'이라고 번역한 단어는 원문에서는 '허虛'이다. '허虛'란 복잡한 개념이다. 문자 그 자체의 의미는 '텅 빔'이지만, 노자가 '허심虛心'을

---

* 135쪽 〈그 속도는 질풍과 같고, 조용함은 숲과 같으며, 침략은 불과 같고, 움직이지 않는 것은 산과 같고, 알 수 없음은 그림자와 같고, 움직이는 것은 번개와 같다〉 참조.

이야기한 것처럼 파생하여 깊은 의미를 갖게 되었다.

여기에서는 상대의 '약한 부분' '준비되지 않은 부분' '방심하고 있을 때' 등을 가리킨다. 요컨대 자신의 장점을 최대한으로, 상대의 단점을 최대한으로 이용하려는 전략이다.

운을 하늘에 맡기는 전쟁은 절대로 해서는 안 된다
모름지기 싸움은 정正으로 맞붙어, 기奇로 이긴다

전쟁이란 정공법正攻法을 원칙으로 하며, 나아가 상황에 따른 묘략의 사용에 의해 이긴다.

일단은 이렇게 번역하지만 '정正'과 '기奇'는 더욱 깊고 넓은 의미를 가지고 있으며, 그 운용은 '손자병법'의 극치라고도 할 수 있다.

노자에 의하면 모름지기 정치가 정正이며 전쟁은 기奇이다. 즉, 노자는 '정(원칙)을 가지고 국가를 통치하며 기(변칙)를 가지고 싸운다'라고 하였다.

원래 중국인은 쌍을 이루는 두 가지 개념을 대비시켜 논하기를 좋아하며 이것도 그중 하나이다. 나아가 '정正과 기奇'는 '기본과 응용'

'정靜과 동動' '원칙과 운용'······ 등과 같이 여러 가지로 치환할 수 있다.

'우선 확실히 해서楷書를 배운 다음 초서草書를 써라'는 말도 '정正으로 맞붙어, 기奇로 이긴다'에 해당한다. 씨름에서 서로가 두 손으로 단단히 잡고 맞붙는 것은 '정正으로 맞붙는 것'이며 상대방의 샅바를 잡고서 낮은 자세로 미는 것이나 메치기로 이기는 것을 '기奇로 이긴다'라고 설명하기도 한다.

또한 '정正과 기奇'에는 '실체와 응용'이라는 의미도 있다. 현대풍으로 말하면 '하드웨어와 소프트웨어'다. 손자의 명언은 이런 식으로 해석의 폭을 넓혀 사람 각각에게 활용하여 사용하는 점이 재미있다.

기奇를 잘 생각해 내면 천지와 같이 끝이 없고 강물처럼 마르지 않는다

여기에서 말하는 '기奇'는 극히 당연한 정석이 아니라 상대의 모습이나 상황의 변화에 따라 자유자재로 바꾸어 가는 전술(묘수)을 가리킨다.

종잡을 수 없이 빠른 변화의 전술은 얼마든지 나온다. 그것은 천

지와 같이 끝이 없으며 양쯔강이나 황허강과 같이 마르지 않는다.

'기奇를 잘 생각해 내는 것'은 '아이디어의 발상'으로 치환하여 해석하면 매우 알기 쉽다. 뛰어난 아이디어맨은 계속해서 아이디어가 솟아난다.

그럼 어떻게 하면 아이디어를 계속 만들어 낼 수 있을까?

손자는 해와 달이 교차로 나오듯이 정과 기를 조합하면 전술은 무한하게 나온다고 했다.

정正과 기奇의 상생은 끝없이 돌고 돈다.

즉, 정 → 기 → 정 → 기 → 정…으로 순환하여 끝없이 이어진다. 바꾸어 말하면 우선 정석으로부터 출발하고 나서, 이를 파괴하고 변형시켜 기발한 수법을 만들어 낸다. 그 일이 막다른 곳에 도달하면 정석으로 돌아온다. 그리고 다시 정석으로부터 출발하고……. 아이디어뿐 아니라 이는 발전의 운동 법칙이라고 할 수 있을 것이다.

색의 기본은 노랑 · 빨강 · 파랑 · 하양 · 검정의 5가지뿐이지만
조합하면 무한한 색을 만들 수 있다
맛의 기본은 쓴맛 · 단맛 · 신만 · 매운맛 · 짠맛의 5가지뿐이지만
조합하면 무한하게 맛을 만들어 낼 수 있다

원문은 여기에 하나 더해서 음音의 조합에 의한 변화를 들고 있다. 당시의 기본적인 음계는 궁·상·각·치·오였다. 이 다섯 음을 조합하면 역시 다른 음이 무한하게 만들어진다. 비슷한 예를 나열하여 가슴에 새기는 중국 고전의 독특한 논법이다.

이 병법은 팀워크에 있어서도 딱 맞는다. 개개인의 능력을 잘 조합할 수 있으면 개별로서는 생각하지 못한 새로운 힘을 만들어 낼 수 있다. 좋은 리더는 조합함으로써 다양한 맛을 만들어 내는 베테랑 요리사와 같다.

또한 이 병법은 앞의 항목과 같이 아이디어를 만들어 내는 법으로써도 사용 가능하다. 즉흥적인 착상이나 번뜩임에만 의지해서는 한계가 있다.

평범하고 기본적인 바를 이것저것 조합해 보았을 때 완전히 새로운 결과물이 만들어지는 경우가 있다.

격류는 무거운 바윗돌을 흘러가게 한다

이는 세勢가 있기 때문이다

'격激'이라는 문자는 원래 물의 흐름이 차단되어 기세를 증가시킨다는 의미라고 한다.

원래라면 가라앉아 버릴 돌이 떠서 흐른다. 물리학에서는 당연한 일로써 쉽게 설명할 수 있지만, 인간의 행동―개인과 집단을 포함하여―에서도 이와 같은 일이 일어나므로 이상하다면 이상하다.

가락이 오르기 시작하면 생각지도 못한 힘이 나오는 경험을 한 적이 누구나 있을 것이다. '궤도에 오르다' 함은, 마지못해 실시하는 것보다 쾌적하고 효율적인 일이다. 긍정적인 궤도를 만들어 내자.

덧붙여 '파죽지세破竹之勢'라는 말이 있다. 3세기 삼국시대 말, 진秦나라의 장수 두예는 오吳나라를 공격하여 국경의 요지를 점령했다. 부하들은 거기에서 일단 작전을 중지하자고 진언했지만 두예는 "지금 우리 군은 세勢가 높아져 있다. 대나무 마디 몇 개를 쪼개 버리면 그 기세로 나중에는 힘들이지 않아도 자연히 쪼개질 것이다"라고 하며 그대로 전진하여 순조롭게 오나라를 멸망시켜 버렸다(『진서晉書』).

이 고사로부터 맹렬한 기세를 '파죽지세'라고 말하게 되었는데 원래는 세勢의 힘을 활용하는 것이다.

맹금은 사냥감을 습격하여 한 번의 공격으로 죽인다

그것은 한순간에 힘을 집중시키기 때문이다

　원문은 "독수리가 먹이를 채 가는 순간, 그것이 절節이다"라고 되어 있다.

　'절節'은 대나무 줄기의 마디이며 전후와 구별하여 응축된 곳이다. 이때다 하는 중요한 곳, 또는 중요한 때에 전력을 집중한다는 의미에서 손자는 이 문자를 사용하고 있다.

　"불이야!"라는 소리를 듣고 보통 때라면 도저히 들어 올릴 수 없는 물건을 들어 올렸다는 이야기를 간혹 듣는다.

　무의식중에 집중된 마음이 큰 에너지를 만들어 내기 때문이다. 긴장은 힘의 원천이다. 단, 너무 긴장하여 움츠리면 오히려 본래의 실력을 발휘할 수 없는 경우도 있으므로 긴장하기만 하면 좋다는 뜻은 아니다.

　역시 훈련이 필요하다. 집중력과 평소에 축적해 온 힘이 효과를 나타내는 것이다.

혼전이 벌어져 난장판이 되더라도 어지럽지 않다

처음도 끝도 없이 이어져 있어 잡을 부분이 없으면, 반대로 부술 수 없다

관광지의 시끌벅적한 장터를 떠올려 보기 바란다. 각양각색의 형태와 글자체도 다양하며 게다가 현란한 간판의 홍수, 시끄러운 소리, 도무지 통일되지 않아 매우 어수선하지만 눈에 보이지 않는 질서가 유지되고 있다.

그리고 눈코입도 없고 발도 없는 유령을 떠올려 보기 바란다. 잡으려 해도 잡을 수 없다. 이러한 조직은 강하다. 게다가 적은 그 정체를 알 수 없다.

정연한 조직은 보기에는 좋지만 조금이라도 무너지면 그걸로 끝이다.

팔진법이라는 진형으로 이를 설명한 중국의 학자도 있다. 형식에 사로잡히지 않는 활력 있는 회사에 자주 있는 유형이다.

이를 인간의 한 유형이라 생각해 보는 것도 재미있지 않을까? 종잡을 수 없으며 무엇을 생각하고 있는지 알 수 없다. 그러나 무언가 의지가 되는 듯한 기분이 든다. 예전에 거물이라 불렸던 인물에게서 자주 볼 수 있는 유형이다.

혼란은 다스림에서 비롯되고, 겁냄은 용기에서 비롯되며, 약함은 강함에서 비롯된다

고대 중국인은 독특한 '이원론二元論'을 만들어 냈다. 모름지기 이 세상의 모든 것은 대립하는 두 가지로 이루어진다. 하늘과 땅, 낮과 밤, 남과 여, 선과 악, 표와 리, 미와 추, 화와 복, 음과 양……. 그리고 이들 두 가지 것은 서로 대립하면서 영향을 주고받거나 변화한다.

『역경易經』은 음과 양의 조합에 의해 삼라만상의 해명을 시도했다. 『노자』는 '미美는 동시에 추醜이며, 선善은 동시에 악惡이다'라고 갈파했다.

일면만이 아니라 양면을 볼 필요가 있으며, 또한 하나의 것이 언제까지나 변하지 않는다고 단정해서는 안 된다. 손자의 사고방식도 이 흐름을 이어받았으며, 특히 이는 노자의 영향을 강하게 받은 사고다.

치治와 난亂, 용勇과 겁怯, 강强과 약弱 등 정반대의 것이 사실은 하나의 두 가지 측면에 지나지 않는다는 것이 원문의 근저에 있다. 그것만 파악하면 이 말은 다양한 해석과 활용이 가능하다. 아래와 같이 번역할 수도 있다.

'태평 속에 혼란의 종자가 숨어 있고, 용기와 겁은 종이 한 장이며, 강한 것은 그 나름대로 약함을 가지고 있다.'

전쟁을 잘하는 사람은 이것을 세勢에서 구하며
사람에게 책임을 지우지 않는다

전쟁을 잘하는 사람은 개인의 능력보다 전체의 세勢를 중시한다.

한 사람의 능력은 물론 중요하다. 하지만 집단이 되면 아무래도 불규칙해진다. 그러한 불규칙을 날려 버리는 것이 세勢의 힘이다.

악평등惡平等의 평균주의라면 높은 능력을 가지고 있는 사람의 힘을 깎아 없애는 결과가 되며, 그 조직의 힘은 구성원 개개인의 힘을 합한 것보다 적어지고 만다. 불규칙이 마이너스로 작용하는 것이다.

그런데 집단에 세勢가 오르면 개개의 힘을 합친 것 이상의 힘이 발휘된다. 높은 수준에서 같아지게 되는 것이다. 겁쟁이, 비협력자 등이 같은 다소의 존재도 세勢 앞에서는 날아가 버린다.

무언가 하려고 생각했다면 흐름을 만들어 내야 한다. 단, 이 원리가 악용되면 두렵다. 하나의 흐름이 생기면 사람은 그 흐름을 따라 일제히 달리기 시작하는 버릇을 갖고 있다. 따라서 그 흐름이 긍정적으로 작용하면 좋지만, 무언가 다른 목적이 있는 사람의 여론 조작에 의해 흐름이 만들어진 경우라면 문제가 있다.

지금은 누구나 전쟁의 비참함을 이야기하며 전쟁 반대를 외치지만, 많은 국가 정부가 '정복욕'에 사로잡혀 있던 것이 불과 얼마 전이다. 또한 많은 국민이 전쟁 발발에 열광했던 과정이 있었다는 사실을 잊어서는 안 된다.

인재를 골라 세勢를 맡긴다

세勢를 만들어 내려면 적임자를 선택해 그 기운을 자아내게 해야한다.

자연 발생적으로 기세가 오르는 일도 있고, 방치해도 흐름이 만들어지는 일이 있다.

그런데 그 세를 만들어 내려면?

세탁기는 맥동 장치Pulsator라는 회전 부분이 돌아감에 따라 급격한 소용돌이의 흐름이 생긴다. 이 맥동 장치에 해당하는 인물이 필요하다. 리더, 적극분자, 활동가를 반드시 배치해야 한다. '인재를 골라 세勢를 맡기는 것'의 실례로서『삼국지』의 중심인물인 위魏나라의 조조를 들 수 있다.

215년 오吳나라의 손권이 스스로 십만 대군을 이끌고 위나라의 영토인 허페이合肥에 쳐들어갔다. 허페이를 지키고 있던 이들은 장료張遼, 악진樂進, 이전李典 등의 세 장수가 이끄는 7천 명밖에 없었다. 조조는 세 장수 중 군센 성미를 가진 장료와 이전 두 장수에게 출격을 명했다.

두 장수는 정예 700명을 골라 오나라군의 본진을 습격하여 날뛰었다. 이로써 전쟁의 흐름이 크게 바뀌어 수비군의 기세는 올라갔고, 오나라는 대군을 거느리면서도 어찌할 도리 없이 적을 포위한 지 10일 만에 허무하게 철수하고 말았다. 조조가 '인재를 골라 세勢에 맡긴' 결과였다.

부하를 싸우게 하는 방법은 나무나 돌을 굴러가게 하는 일과 유사하다
안정되어 있으면 정지한 채로 있고, 불안정하면 움직이기 시작한다
각이 져 있으면 그 자리에 있고 둥근 것은 굴러간다

둥근 돌을 높은 산 정상에서 굴러 떨어지도록 하여 휩쓸리게 하는 것이 부하를 싸우게 하는 요령이라는 뜻이다.

나무나 돌에 비유하여 안정되어 있으면 움직이지 않고, 불안정하면 움직인다는 말은, 부하를 부리는 방법일 뿐만이 아니라 인간이 살아가는 방식으로써 시사하는 바가 많다.

당나라의 문인 한유韓愈의 문장에도 "만물이 평온함을 얻지 못하면 울기 마련이다. 초목은 소리가 없으나 바람이 흔들면 소리를 낸다. 쇠나 돌과 같이 소리가 없는 것들도 무엇인가 두드려 소리를 내게 한다"

라고 되어 있다.

예로부터 역경을 계기로 하여 기운을 되찾은 인물의 예가 많다. 안정은 바람직한 것이지만 그것으로 만족해서 움직임을 멈추면 지속하기조차 위험하다. 작은 성공에 만족하면 안 된다.

충격을 받아 기운이 꺾이거나 아니면 그 충격을 발전의 원동력으로 하는가의 경계가 있다. 역경과 불안정이야말로 발전의 원동력이 된다.

6장

상대의
강한 부분을
피하여
틈을 찔러라

★허실虛實 편

적이 스스로 나아가 이쪽으로 오도록 하려면,
이쪽으로 오면 득이 있다고 생각하게 만들어야 한다

상대를 강제로 움직이게 하는 것이 아니라 자발적으로 움직이게 되는 상황을 만들어 내는 '시형지술示形之術'의 각론이다.

그럼 어떻게 하면 자발적으로 움직이게 될까? 인간의 동기에는 여러 가지가 있다. 그중에서 가장 효과적인 것이 '이익'이다. 물질이든 정신이든 사람은 자기에게 이익이 있으면 나서서 움직이려고 한다. 욕심이 많은 상대일수록 움직이도록 만들기가 쉽다. 욕심이 없는 사람에게는 미끼가 도움이 되지 않는다.

사기는 비난받아야 할 행위이지만 피해자에게 욕심이 없다면 걸려드는 일도 적다. 뛰어난 배후 조종자는 상대의 욕구를 잘 본다. 단, 모든 경우의 모든 사람이 '이익'에 따라 움직인다고 생각하면 잘못이다. 인간의 동기는 단순하지 않다.

'이익' 이외에도 정의감, 화, 자존심, 정, 명예심……등 사람을 행동으로 몰고 가는 동인動因은 복잡다기하다. 나쁘게만 보거나 의심만 해서는 상대를 움직이게 할 수 없다. 상대의 움직임을 만들기 위해서는 상대의 마음을 꿰뚫는 뛰어난 지혜가 필요한 법이다.

※　085쪽〈적을 잘 움직이게 하기 위해서는, 형태를 보여 주면 적은 반드시 여기에 따른다〉참조.

적이 이쪽으로 오지 않도록 하기 위해서는
오면 손해를 입는다고 생각하게 만들면 된다

상대는 어떠한 목적이 있기에 오려고 하는 것이다. 그것을 단지 자신의 사정을 이유로 오지 말라고 한다 해서 상대가 멈출 리 없다.

그런데 때때로 오면 곤란하다는 의식이 앞서 "오지 마" "오지 말아 줘"라고 했는데 멈추는 경우도 많다.

따라서 매우 주관적인 것이다. 상대가 무언가를 하도록 만들거나 하지 않도록 만들려고 하는 경우, 우선 이 주관적 태도를 버리는 일로부터 시작해야 한다.

그리고 상대의 입장이 되어 본다. 그러면 어떻게 해야 상대가 움직일지 또는 움직이지 않을지를 알게 된다.

금지, 제지 및 사람의 행위를 중지시키는 일은 때에 따라서는 무언가를 하도록 만들기보다도 오히려 어렵다. 아무래도 자기의 입장으로부터 내리는 명령이나 부탁이 되어 버리는 탓이다. 어느 초등학교에서 실시한 조사에 의하면 아이들이 싫어하는 엄마의 말 1위는 "안 돼", 2위는 "빨리"라고 한다.

금령禁令은 너무 많으면 오히려 역효과를 낸다.

전쟁을 잘하는 사람은 적을 끌어들이지,
적에게 끌려다니지 않는다

전쟁을 잘하는 사람은 어떠한 경우에든 주도권을 잡고, 상대에게 끌려다니는 일이 없다.

어떠한 사정이 있든지 일단 힘을 가진 강자가 권력, 금력, 무력 등 주도권을 쥐는 것은 당연하지만, 손자의 병법은 힘이 없는 약자라도 주도권을 잡을 수 있다고 강조한다. 『노자』의 "여성은 수동적인 입장을 취하면서 남성을 조종한다"라는 구절도 이와 공통된 사고방식이다.

손자는 그 수단으로서 '시형지술示形之術'을 들고 있다. 그것은 상대의 힘, 욕망, 심리 등을 원격 조작함으로써 자신의 의향대로 해 버리는 방법이다.

근대에 이르러 이 원리를 활용한 사람은 마오쩌둥이었다. 마오쩌둥이 우세한 국민당군과의 싸움에서 고안해 내 마침내 일본군을 괴롭힌 유격 전술은, 열세이면서 주도권을 빼앗는 수단이었다. 그는 "도망치는 것도 주도적 입장을 회복하는 유력한 방법이다"라고 말했다.

---

* 085쪽 〈적을 잘 움직이게 하기 위해서는, 형태를 보여 주면 적은 반드시 여기에 따른다〉 참조.

손자의 이 말은 '주체성'의 문제라고 해석할 수도 있다. 어떠한 경우라도 주체성을 잃어서는 안 된다. 유행이나 다른 사람에게 질질 끌려다니고, 정보에 휘둘리기만 하면 어떻게 될까? 자신을 잃어서는 안 된다. 상대가 상사든, 권위자든, 또한 서투른 사람이든 자신이 이끌어 가는 것이 좋다.

적이 편할 때는 피곤하게 하고, 배부를 때는 배고프게 하며, 안정되어 있을 때는 동요시킨다

마오쩌둥은 유격 전쟁의 원칙에 대해 이러한 전술을 인용하고 있다.

적이 나아가 주면 우리는 물러서고, 적이 머물러 있으면 우리는 고민하고, 적이 피로해지면 우리는 습격하고, 적이 물러서면 우리는 뒤쫓아 간다.

『중국 혁명전쟁의 전략 문제』

이는 자신이 약하고 적이 강한 경우의 매우 효과적인 전술이다. 이런 식으로 해서 엉겨 붙으면 상대는 적당히 항복해 버린다. 그럼에도 불구하고 공격해 온다면 도망쳐 버리면 된다.

1920년대 말 당시 내전에서 우세였던 국민당군의 '포위 토벌'을 받은 홍군은 이 작전으로 강력한 적을 괴롭혔다.

상대를 끊임없이 동요시키는 일은 인간관계에서도 다양하게 사용할 수 있다. 예를 들어 이 동요에 의해 주도권을 잡을 수 있다. 또한 집단을 통솔하는 리더에게도 도움이 되는 경우가 있다.

안주하면 진보가 멈춰 버린다. 이 방법은 그렇게 되지 않기 위한 하나의 주의 사항이기도 하다.

반드시 향하는 곳으로 나가 생각지 못한 곳을 공격하라
적이 없는 곳을 통과하면 천 리를 가더라도 피곤하지 않다

적이 반드시 올 곳에서 매복해 기다리라. 그런가 하면 적이 생각하지 못한 곳으로 치고 나오라. 그러면 그 때문에 먼 거리를 행군해도 피곤할 일이 없다. 이런 식으로 할 수 있다면 적이 없는 곳을 선택하여 나가는 일이 가능하기 때문이다.

행동의 자유를 쟁취하는 것은 승리의 첫걸음이다. 그리고 적의 제약을 받지 않고 가장 자유롭게 행동할 수 있는 곳은 적이 없는 곳뿐이다.
다른 사람이 하지 않는 것을 하자.

경쟁은 진보의 원천이긴 하지만 불필요한 경합은 에너지 낭비이다. 그보다도 다른 사람이 하지 않는 것을 하고 '무인의 땅'을 간다면 어떨까?

반드시 이기려면 적의 수비가 없는 곳을 공격해야 한다
가장 안전한 수비는 적이 공격해 오지 않는 곳에 진을 치는 것이다

손자는 도처에서 반복하여 무리하는 것을 경계하고 있다. 어디까지나 안전을 도모해야 한다는 점을 강조한다. 이 말도 그중 하나다.

이러한 말을 접하면 순간 골탕 먹은 듯한 기분이 든다. 마치 '비가 내리는 날은 날씨가 나쁘다'처럼 너무 당연한 말이기 때문이다.

그러나 가만히 생각해 보면 이 말의 묵직한 무게감이 느껴져 온다. 우리는 무언가 하려고 할 때 이 당연한 바를 잊어버리고, 건너지 않아도 되는 위험한 다리를 건너는 경우가 많지 않은가?

싸우는 것이 목적은 아니다. 이기는 것이 목적이다. 싸우지 않고 목적을 달성할 수 있다면 이보다 좋은 일은 없다.

공격을 잘하는 사람은 적이 어디를 지켜야 할지 모르게 한다. 지키는 일을 잘하는 사람은 적이 어디를 공격하면 좋을지 모르게 한다.

공격이든 수비든 자신의 의도나 급소를 상대로 하여금 알 수 없게 하는 일이 매우 중요하다. 처세술로 몸을 지키기 위해 자신의 능력이나 바람을 감추는 '도회지계韜晦之計'가 있다. 이 계책을 잘할 수 있다면 처세의 명인이라 할 만하다.

『삼국지연의』에 그 명장면이 있다.

유비가 아직 조조와 전면적 대결에까지 이르지 않았을 때의 일인데, 헌제獻帝로부터 유비에게 조조를 주살하라는 밀칙이 내려졌다. 그리고 유비가 행동을 시작하기 전 그는 조조로부터 식사 초대를 받았다. 그 자리에서 조조는 아무렇지 않게 이런 말을 하였다.

"지금 천하에서 영웅이라고 할 수 있는 사람은 당신과 나뿐이오."

음식을 입으로 가져가려던 유비는 깜짝 놀라 젓가락을 떨어트린다. 다행히 그때 천둥이 쳐, 유비는 그것 때문에 놀란 척을 하며 "천둥 때문에…"라고 둘러댔다.

희미하고 희미해 형체가 없다. 신비하고 신비해 소리가 없다
이런 까닭에 적의 생사를 다스릴 수 있는 것이다

"자신의 의도나 급소를 적에게 알리지 않도록 하라"고 손자는 말했다. 그리고 그 가려진 곳에 대해 언급하고 있는데, 이는 그렇게 간단하지 않다. 추상적인 말이므로 이해하기 어렵지만 병법의 본질을 잘 꿰뚫고 있다.

'미微'는 희미한 것으로, 미微의 극한까지 가서 마침내 형태 자체가 없는 부분까지 도달해 버린다고 한다. '신神'은 인간의 지혜로는 헤아릴 수 없는 존재로, 말로 표현할 수 없는 무성無聲의 존재이다.

그렇기 때문에 병법으로써 적의 운명조차 지배할 수 있는 법이다. 이 사고방식의 근저에는 '무無'의 큰 가치를 찾아낸 노자의 사상이 있다.

상대가 아무리 강하고 현명하더라도 자신이 무無라면 손을 쓸 방법이 없어진다. 동일한 차원에서 강약을 경쟁하면 틀림없이 강자가 이긴다. 그렇지만 차원을 바꾸어 자신을 무無로 해 버리면 된다. 이렇게 하면 병법은 단순한 테크닉이 아니라 생활방식, 사고방식의 뿌리 부분까지 거슬러 올라오게 된다.

※ 111쪽 〈잘 공격하는 사람은 적이 어디를 지켜야 할지 모르게 하고, 잘 지키는 사람은 적이 어디를 공격해야 할지 모르게 한다〉 참조.

진격할 때 막지 못하는
것은 허를 찔렀기 때문이다

공격할 때는 상대의 허를 찔러야 한다. 그렇게 하면 상대가 막을
수 없다.

'허虛'란 원래 '텅 빔'이라는 의미다. 따라서 적의 허를 찌르는 일은
우선 문자 그대로 적의 빈집을 노려 공격하는 작전을 말한다. 중국인
이 자주 사용하는 '허虛를 틈타 들어가다'라는 성어도 있다.

당 대 말, 차이저우蔡州(허난성)에 웅거하여 중앙을 등진 오원제를 토
벌하기 위해 장군 이소李愬가 파견되었다. 이소는 오吳나라 군의 정병
精兵이 영토 경계선에 진격해 있다는 사실을 알고 빈집인 주성州城을
공격하여 오원제를 잡았다.

이 경위를 기록한 『자치통감』에 '허를 틈타 즉각 그 성에 이르다'라
고 나와 있으며 이를 줄여서 위의 성어 '진격할 때 막지 못하는 것은
허를 찔렀기 때문이다'가 되었다.

'허를 찌르다'는 상대의 마음의 틈을 노려 손을 쓴다는 의미로 사용
되게 되었다. 상대의 본심을 알려고 하는 경우, 동요시켜 선수를 취하
려고 하는 경우, 생각을 바꾸게 하려는 경우…… 등등 마음의 허를 찌
르는 병법은 정말 다양하게 사용할 수 있다.

신속하면 뒤쫓지 못한다

> 도망치게 되었다면 재빨리 도망쳐야 한다. 그러면 상대는 따라
> 붙지 않는다.

도망치는 일은 매우 어려운 행위다. 예로부터 성공한 인물 중에는
도망의 명인이 적지 않다.

기원전 3세기 진秦나라의 뒤를 이어 한漢 왕조를 연 유방은 경쟁자
인 항우와 약 4년 동안 패권을 다툰 끝에 천하를 얻었지만, 이 사이의
싸움은 항우가 우세하여 유방은 끊임없이 도망 다녀야 했다.

그는 도망치면서 힘을 비축했고 또한 운도 따라서 최종 라운드에
이르러 강적을 쓰러트릴 수 있었다. 도망칠 때 우선 중요한 바는 결단
이다. 산에서 조난당하면 되돌아가는 결단이 운명의 갈림길이 되는
것과 같다.

그리고 도망친다고 결정했다면 무엇보다 신속한 행동이 필요하다.
병법의 전승서 『삼십육계』는 마지막 페이지에 '도망치는 것'을 들어
자신이 열세일 때 만회하기 위한 최선의 수단으로서 적극적인 의미를
강조하고 있다. 곧 '36계 줄행랑'이다.

자신이 싸우고 싶다고 생각했다면
상대가 아무리 수비를 강하게 해도 전장에 나갈 수 있다
따라서 상대가 반드시 구제해야 하는 것을 공격하면 좋다

　사람을 움직이게 할 때는 우선 한 숨 돌리고 상대의 입장에 서 본다. 그리고 어떻게 하면 움직이게 될지를 생각하면 좋다. 즉 '시형지술示形之術'의 원리이다.

　움직이려고 하는 의식이 앞서 버리면 융통성이 없어져 곤란해진다. 그럼 쓸데없이 수고만 많이 들고 효과는 적어진다.

　아무리 움직이고 싶어 하지 않는 상대라도, 움직이지 않으면 안 되는 급소는 있다. 우리 몸으로 치환해 보면 이 급소를 발견할 수 있다. 원문의 문자 그대로 '구救'라는 말에 구애받을 필요는 없다. 요컨대 급소라고 생각하면 좋다.

＊　085쪽 〈적을 잘 움직이게 하기 위해서는, 형태를 보여 주면 적은 반드시 여기에 따른다〉 참조.

자신이 싸우고 싶지 않은 경우,
특별히 수비를 강하게 하지 않아도 적이 오지 않게 할 수 있다
적이 오는 곳에 자신이 없으면 된다

적에게 골탕을 먹이는 방법이다. 이 말 자체가 허탕을 치게 하는 것 같지만 이러한 발상에 손자의 재미가 있다고 하겠다.

정면으로부터 충돌해 오는 상대와 부딪히고 싶지 않은 경우는 자주 있다. 그럴 때, 피하는 것도 상책이지만 도망치면 상대는 분명 뒤쫓아 올 것이다. 그러나 허탕을 친다면 상대는 맥이 빠져 전의를 잃어버리고 만다. 이것이 정말 도망을 잘 치는 비법이다.

예컨대 상대가 기세 있게 밀어 온다면, 상대의 겨드랑이 아래를 한 손으로 껴안는 것처럼 하면서 몸을 벌리고 다른 쪽 팔을 상대의 어깨에 걸쳐 잡아당겨 넘어뜨린다. 상대의 기세를 빗나가게 하는 방법이다.

동일한 평면에 있고, 같은 레일에 올라 있기 때문에 충돌이 일어나는 것이다. 같은 말을 들어도 배우자로부터 들으면 화가 나는데 아이에게 들으면 쓴웃음으로 끝나는 까닭은 레일이 다르기 때문이다. 차원을 바꾸어 상대의 예봉銳鋒을 피하자.

아군이 집중하여 하나로 모여 있는데 적군은 열로 분산했다면
아군은 10의 힘으로 1을 치는 것이 된다
즉 아군은 다수, 적은 소수다

나폴레옹은 결전 시에 적을 견제하여, 적의 병력은 분산시키고 아군의 병력은 집중하여 적의 주력을 격멸하는 것이 일상사였다.

어느 부하가 "폐하는 항상 소수를 가지고 다수에 승리하셨습니다"라고 하자 나폴레옹은 "그렇지 않다. 나는 항상 다수를 가지고 소수에게 이겨 왔다"라고 답했다고 한다.

클라우제비츠는『전쟁론』에서 "절대적 우세를 얻을 수 없는 경우는 병력의 정교한 운용에 의해 결전 시 상대적 우위에 서는 일을 도모해야 한다"라고 하였다. 손자는 이로부터 2천 수백 년 전에 이를 지적하였다.

'수세에 섰을 때'의 약점과 대응책

앞을 수비하면 뒤가 허술해지고, 뒤를 수비하면 앞이 허술해지며, 왼쪽을 수비하면 오른쪽이 허술해지고, 오른쪽을 수비하면 왼쪽이 허술해져 버린다.

수세에 섰을 때 힘이 분산되는 부정적인 면이 있음을 이야기하고 있다.

수세가 된 경우는 적이 언제 어디에서 어떠한 식으로 나올지 알 수 없다. 모든 것은 상대에게 달렸다. 따라서 모든 사태에 대비한 준비를 구석구석까지 해 두어야 한다. 한마디로 '만전의 준비'다. 하지만 그 '만전의 준비'로 인해 힘이 분산된다는 점을 잊어서는 안 된다.

이러한 약점을 보완하기 위해서는 두 가지 방법이 있다.

하나는 수세에 서 있으면서도 반대로 주도권을 쥐어 버리는 일이다. 예컨대 논쟁에서 공격을 받는 처지가 되었을 때 상대의 공격에 대해 세세하게 변명하지 말고 논리를 슬쩍 바꿔 자신의 유리한 부분으로 끌어들여 주도권을 빼앗는 전법이다.

또 하나의 방법은 '만전의 준비'를 고정된 형태가 아니라 '유동적인 태세'로서 생각하는 것이다. 손자는 이 태세로서 '물'을 예로 든다. 물은 상황에 따라 어떻게도 변화하는 '무형의 형'이다. 구석구석까지 모조리 포진하는 것이 아니라 필요한 때 필요한 장소에 계속 투입할 수 있는 소수 정예 팀을 준비해 두는 방법이다.

어디에서 언제 싸움이 벌어지는지를 알면

원정에서도 주도적으로 싸울 수 있다

그런데 그러한 바를 알지 못하고 마구 싸운다면

조직적인 움직임은커녕 대혼란을 일으켜 버릴 것이다

매복하여 기다렸다가 개시하는 공격의 가장 유명한 예는 기원전 341년의 마릉馬陵 전투이다. 제齊나라군의 군사軍師인 손빈은 숙적 방연이 이끄는 위魏나라군을 교묘하게 마릉의 계곡 사이로 끌어들였다.

위나라군이 쫓아오는 것을 알아차린 손빈은 매일 아궁이의 수를 줄이면서 행군하여 탈주병이 늘어나고 있다는 암시를 주었다. 그리고 손빈은 위나라군과 조우할 일시를 계산하고 한 장소를 설정했다.

저녁에 방연이 거기에 다다르자 나뭇가지에 무슨 글씨가 쓰여 있었다. 방연이 횃불을 밝혀 그 문장을 읽으려고 하자마자 빛을 노린 화살이 날아들었다. 이로 인해 위나라군은 괴멸하고 방연은 자해하였다. 나뭇가지에 써 걸린 글자는 "방연, 이 나무 아래에 잠들 것이다"였다.

손빈의 사전 지형 조사와 적을 유인하는 법, 적을 치는 순서가 효과를 발휘한 것이다.

접촉해 본 뒤 남음과 부족함을 안다

'각角'은 '접촉하다' 또 '비교하다―예컨대, 힘을 겨룬다는 뜻의 각력角力―'의 의미를 포함하고 있다. 일단 상대와 실제로 다투어 보는 것을 말한다. 따라서 이 말을 현대풍으로 해석하면, 시험 삼아 실천해 보고 플러스와 마이너스의 데이터를 얻는 것을 뜻한다.

중국 최고最古의 왕조 하나라의 걸왕은 더없이 포학하여, 천하에 원한의 목소리가 넘쳐흘렀다. 은殷나라의 탕왕은 그를 베어 죽이기로 했지만 현신賢臣 이윤伊尹의 헌책으로 우선 조공을 중지해 보았다. 그러자 화가 난 걸왕은 병력을 동원하여 은나라를 토벌하려고 했다. 병력을 동원할 만한 걸왕의 권위가 아직 남아 있음을 확인한 탕왕은 걸왕에게 사죄하고 다시 조공을 시작했다.

이듬해 탕왕은 또다시 조공을 중지했다. 이에 걸왕이 병력을 동원하려 했지만 이번에는 아무도 모이지 않았다. 마침내 탕왕은 결기하여 하나라를 멸망시켜 버렸다.

실험적으로 실시해 본 다음에 전면적으로 보급하는 방식은 어느 나라 어느 분야에서나 이루어지고 있지만, 중국은 특히 이 방식을 즐겨 하고 있다. 현대 중국에서는 중요한 신정책을 실시할 때 우선 특정 부문이나 지역에서 시행해 보고 그 결과에 따라 수정하여 전면적으로 실시하는 방식이 통례가 되어 있다. 세제 개혁 등도 특정 도나 시에서 시험적으로 해 본다. 우선 실물로 확인하는 것은 중국의 독특한 풍속이다.

최고 경지의 전법은 형태가 없다

손자의 병법은 구체적인 전력 전술을 이야기하고 있는데, 그러한 것뿐만 아니라 근저가 되는 사고방식을 이야기하는 부분도 많다. 그런 부분은 추상적이므로 이해하기 어렵지만 읽는 방법에 따라서는 다양한 가르침을 이해할 수도 있다. 아래 문장은 그중에서도 가장 으뜸간다.

가장 이상적인 전투태세는 형태가 없다.

손자는 여기에 이어서 설명을 더하고 있다.

형태가 없으면 잠입한 적의 첩자도 정찰할 수 없으며, 적의 참모도 작전을 세우려고 하지 않는다.

물론 이 말은 제각각인 것이 좋다는 뜻이 아니라, 형태가 고정되어 버려서는 안 된다는 뜻이다. 그것은 '전술이란 물과 같다' 에 비추어

※ 122쪽 〈군의 형세는 물과 같다. 물이 높은 곳을 피해 낮은 곳으로 흐르듯이, 군의 형세도 실(實)을 피해 허(虛)를 찌른다. 물이 땅의 형태에 따라 그 흐름이 정해지듯이, 군대도 적의 움직임에 따라 결정된다. 싸움에 일정한 형태가 없고 물도 형태가 없다〉 참조

도 알 수 있다.

　이 말은 '형식주의'를 엄격하게 경계하는 일이기도 하다. '형식주의'는 대체로 조직의 운용뿐만 아니라 개인의 생활 방식에 이르기까지 널리 피해를 입히기 쉽다. 사람은 자신의 존재를 과시하기 위해 곧잘 모양을 갖추고 싶어 한다. 그것도 일종의 형식주의다.

　또한 몸을 지키기 위한 태세도 빼놓을 수 없다. 곧 '병형兵形'이다. 그러한 여러 가지 '형形'을 버리고 한층 열어 둘 수 있다면 그야말로 '무형'의 강함에 도달하는 것이다.

군의 형세는 물과 같다

물이 높은 곳을 피해 낮은 곳으로 흐르듯이,

군의 형세도 실實을 피해 허虛를 찌른다

물이 땅의 형태에 따라 그 흐름이 정해지듯이,

군대도 적의 움직임에 따라 결정된다

싸움에 일정한 형태가 없고 물도 형태가 없다

　이상적인 전투태세는 물과 비슷하다. 물이 높은 곳을 피해 낮은 곳으로 흘러가듯이 전투는 적의 강한 부분을 피해 틈을 찌르는 것이 좋다. 또한 물이 지형에 따라 흘러가듯이 적의 힘을 역이용하여 승리를 거두는 것이 좋다. 따라서 전쟁 방법은 고정되어 있지 않다. 물에 일정한 형태가 없는 것과 같다.

고대 중국인은 물의 흐름으로부터 깊은 철학을 이해했다. 대황허강의 치수治水로부터 실감한 것이다.

『노자』에는 "최상의 선은 물과 같다"라는 뜻의 상선약수上善若水라고 되어 있다. '물은 만물을 이롭게 하면서도 자기주장을 하지 않는다'는 것이다. 또한 "천하에 물보다 유연한 것은 없지만 굳세고 강한 것을 공격함에 이보다 나은 것이 없다"라는 구절도 있다.

물은 자신의 형태가 없다. 그렇지만 그릇에 따라 형태가 바뀐다. 게다가 물은 바위를 깨고 대지를 흘러가게 하는 힘을 가지고 있다.

강인한 골조를 가지고 있는 연구조軟構造야말로 격심한 변화 속을 살아가기 위한 조건인 것이다.

상대에 따라 변화하며 최종적으로 승리한다
이것이야말로 승부의 극치다

적에 따라 전술을 바꿔 승리를 거두면 신의 경지에 오른 것이다.

어느 대기업에서 A와 B가 차기 사장 자리를 놓고 다투었다. 다투었다고는 해도 계속 주류를 달려 추종자도 많은 A가 자타 공인 가장 유력시되는 인물이었고 B는 존재감이 없었다. 그래서 누구나 A가 승리할 것이라 생각했는데, 뚜껑을 열어 보니 B가 사장으로 낙점되고 A는 자회사로 나가는 처지가 되었다.

그 이유는 B의 생활방식은 의식해서 하지 않음에도 불구하고, 정말로 손자의 말을 실행에 옮기는 처세를 하고 있었기 때문이다. B는 매우 지기 싫어하는 성격이었지만 표면상은 온후하고 수동적이었다. 뿐만 아니라 오히려 A에게 협력하고 항복한 것처럼 보였다.

단, B에게는 상대가 말하는 바에 따르면서도 상대가 깨닫지 못하는 어느 사이엔가 자신이 생각하는 방향으로 일을 가지고 가는 불가사의한 재능이 있었다.

A는 반대로 겉으로 드러나는 강인한 부분이 있으며 이 모습이 이사회의 불안을 자아내 역전극이 벌어진 것이었다.

절대불변은 있을 수 없다

유연하게 대응하자

이 세상에 절대 승자는 없다. 사계는 머무르지 않고 계속 변화한다. 해의 길이는 길어지면 다음은 짧아지고, 짧아지면 다음은 길어진다. 달은 차면 이지러지고, 이지러지면 또 차 온다.

고대 중국인은 일상생활에 있어서 불가결한 물질은 목木·화火·토土·금金·수水의 다섯 가지이며, 우주 만물을 만들고 변화시켜가는 것은 이 다섯 가지에 의해 상징되는 기氣의 작용이라고 생각했다. 이른바 '오행설伍行說'이다.

나아가 기원전 3세기 정도가 되자 '오행상승설伍行相勝說'이라는 학설이 만들어졌다. 그 이론에 의하면 수水는 화火를 이기고, 화火는 금金을 이기고, 금金은 목木을 이기고, 목木은 토土를 이기고, 토土는 수水에 이겨 순환을 반복하며 변화한다.

원문의 '오행무상승伍行無常勝'은 이러한 뜻이며, 즉 '절대 승자는 없다'는 것이다. 절대라는 것은 있을 수 없으며, 또한 불변이라는 것도 있을 수 없다. 이는 손자뿐만 아니라 중국인에게 많은 전통적인 사고방식이다. 그렇다고 해도 그들은 결코 무상감에 깊이 빠지지 않는다. 변화를 전제로 한 다음 현실적으로 대응해 가는 것이다.

변화를 강조한 손자의 말도 변화에 대응하는 싸움 방법, 유연한 발상, 다면적인 사고 등이 얼마나 필요한지를 이야기하기 위함이다.

7장

그 빠르기는 바람과 같고

★군쟁軍爭 편

우회는 지름길을 가는 것 이상의 효과를 올린다
우회함으로써 적이 유리한 것처럼 생각하게 하여
늦게 출발해도 먼저 도착한다
이것이 우직지계迂直之計다

이 말은 '급할수록 돌아가라'는 속담과 비슷하지만 의미하는 바는 조금 차이가 있다.

우리는 '효율'을 매우 중시한다. 시간적·거리적인 것뿐만 아니라 모든 것에 대해 빨리 그리고 낭비 없이 목적을 달성하기 위해 노력하고 있다. 그것은 그것대로 의식이 있는 일이며 큰 성과를 올려 왔다.

그런 반면에 효율이라는 척도로 측정할 수 없는 것은 다 잘라 버리는 결과를 초래해 버렸다. 또한 효율의 추구가 당장 눈앞의 것에 한정되어 백년대계를 잊어버리게 되는 경우도 부정할 수 없다. 대체로 성질이 급하며 신중하지 못한 사람들은 단기의 성과만을 요구한다. 권총의 탄도라면 직선 최단 거리로 해도 되겠지만, 로켓의 탄도라면 원대한 곡선을 그려 복잡한 궤도 계산을 해야 한다.

우직지계는 인간의 행동에 관한 곡선적인 사고법이다.

환患이 리利가 된다

'환患'은 괴로움이라는 원래 뜻으로부터 '재앙'을 의미하는 문자로 확대되어 "재앙이 이익으로 바뀐다"라는 문장이 되었다.

소부대는 대부대에 비해 분명 불리하다. 그러나 소부대에는 대부대에는 없는 날쌤이 있다. 의사 통일도 쉽다. 이 특징을 살리면 불리함을 장점으로 바꿀 수 있다. 소기업과 대기업의 경우로 치환해 보아도 마찬가지다.

불리한 점을 절대적인 것이라고 단정지어 버리면 궁지에서 벗어날 수 없게 된다. 하지만 고정관념으로부터 빠져나오면 활로가 열린다.

'일병식재一病息災'라는 말도 이러한 개념이다. 병은 재앙이지만 하나 정도 병을 가지고 있는 사람이 오히려 몸 관리를 잘하여 병이 없는 사람보다 오래 산다는 뜻이다. 곧 '전화위복轉禍爲福'이다.

덧붙이자면 이 말은 전국시대의 중심 유세가 소진蘇秦으로부터 세상에 널리 퍼지게 된 이야기이다.

연나라가 제나라의 침략을 받자, 연 왕의 의뢰를 받은 소진은 제나라 왕을 만나 "제齊나라의 침략 행위는 진秦나라를 화나게 하여 제나라를 위기로 몰아넣을 것입니다"라고 위협했다. 제 왕이 당황하여 선후지책을 묻자 소진은 "빼앗은 토지를 되돌려 주면 제나라의 위신이 높아져 화가 복으로 바뀔 것입니다"라고 말하였다.

승부에 있어서 이익과 위험은 종이 한 장이다
전군을 전선에 투입하면 예측할 수 없는 사태에 대비하지 못하는 경우가 있다
선두 부대만이 돌진하면 후속하는 수송부대가 떨어져 보급할 수 없게 된다

앞 항목의 '환患이 리利가 된다'에서는 불리함을 유리함으로 바꿀 수 있다는 점을 강조했다. 이번에는 반대로 유리한 점도 거기에 눈이 어두워 그 유리함만 밀고 나가면 위험이 기다리고 있어 불리해져 버린다는 이야기이다.

이는 앞 항목의 예를 완전히 그대로 뒤집으면 된다. 대기업은 소기업에 비해 많은 점에서 유리하다. 그러나 거기에 안주하고 있으면 활성活性을 잃어 변화에 대응할 수 없게 되어 버린다. 건강한 사람은 병에 걸린 사람에 비해 편안하지만, 그것으로 우쭐해져서 건강관리를 소홀히 하면 생각지 못한 장애를 입을지도 모른다.

장점이 언제까지나 계속 장점으로 있다고 생각해서는 안 된다. 유리함도 불리함도 종이 한 장 차이이며, 어떻게 하느냐에 따라 어느 쪽으로든 바뀔 가능성을 내포하고 있다. 변화의 시대에는 특히 이 점을 명심해 두어야 한다.

교섭의 전제는 상대의 '목표(목적)'를 잘 아는 것이다

원문은 '부지제후지모자 불능예교不知諸侯之謀者 不能五交'로서 "제후의 꾀를 알지 못하는 자는 미리 교류할 수 없다"는 뜻이다.

친하게 교류하기 위해서는 각국의 공략을 잘 알아 두어야 한다. 그 점을 알지 못하고 교류하는 일은 위험하다.

이는 나라와 나라 사이, 기업 사이, 인간 사이의 관계에서도 똑같이 적용된다.

인간관계에 대해 생각해 보자. 우리는 어느 정도 친해지면 서로에 대해 완전히 아는 것 같은 기분을 가져 버린다. 그렇게 친하지 않은 상대라면 여러 가지로 상대의 속마음을 추측해 보거나 배려하며 교제하지만 친하면 익숙해져 버리는 것이다.

그런데 이 마음이 위험하다. 무언가 어긋나는 일이 생기면 '그렇게 친했었는데……' 하며 배신당한 것처럼 억울해하기 때문이다. 부부사이도 그렇고, 나라에 대해서도 마찬가지다. 상대국이 우호국이라면 더욱 그 정책을 냉정하게 확인할 필요가 있다.

친하면 친할수록 오히려 상대가 무엇을 생각하고 있는지에 관심을 기울여야 한다. 감정感情과 감정勘定(셈)은 반드시 구별해야 한다. 손자의 이 구절은 춘추전국시대의 이합집산離合集散의 실천으로부터 만들어진 것임이 분명하다.

행동하는 경우는 상황을 아는 일이 선결되어야 한다

원문은 '부지산림험조저택지형자 불능행군不知山林險阻沮澤之形者 不能行軍'으로 "산림山林, 험조險阻, 저택沮澤의 형태를 알지 못하는 자는 군대를 행군시킬 수 없다"는 뜻이다.

'험조險阻'란 험한 곳, '저택沮澤'은 질척질척한 땅을 말한다.

지형도 연구하지 않고 행군하는 일은 있을 수 없다고 생각하겠지만, 현실적으로 우리는 그와 유사한 행동을 자주 한다.

객관적인 상황을 제대로 생각하지 않고 주관적인 판단만으로 움직이는 것이다. 일단 상황을 생각함에 있어서도 자신에게 유리하도록 판단하기 일쑤다.

손자는 이러한 경향을 경고하고 있다. 지금도 옛날에도 인간이 하는 일은 그다지 차이가 없는 듯하다.

그리고 손자는 지형의 다양함에 대해 모든 각도에서 분석하는 일과 또한 그 대응책에 대해서도 논하고 있다.

지형의 파악에 대한 손자의 열의가 강하게 느껴지는데, 오늘날의 상식으로는 이해하기 힘든 점도 많다. 그렇지만 손자의 지형 파악에 대한 열의를 볼 때면, 현대는 정보가 너무 많아 오히려 스스로 관찰하여 탐구하는 노력이 잊히고 있는 건 아닐까 하는 생각이 커진다.

전쟁은 적을 속이는 일로써 성립하고, 유리한 방향으로 행동하며, 병력을 분산하거나 통합하는 등 변화를 주는 것이다

전술이란 적을 속이는 일을 기본으로 하며, 유리한 상황을 만들어 내기 위해 행동하고, 변화에 따라 자유자재로 병력의 분산과 집중을 하는 것이다.

'적을 속인다'는 말은 심리적 조작이라는 의미이며 상대를 자신이 생각하는 대로 통제하기 위한 이치에 맞는 수법이다. 윤리적인지, 비겁하지 않은지 여부 등은 사용 방법과 입장에 따른다. 원자력이 사람을 죽이는 폭탄도 되고 생활을 윤택하게 하는 전력이 되기도 하는 것과 같은 이치이다.

'리利에 따라 움직인다'라는 말은 무엇이든 이익만 되면 한다는 의

---

* 015쪽 〈전쟁은 궤도(詭道)이다〉 참조.

미가 아니라, 훨씬 넓은 의미로 사용되고 있다. 즉 목적을 달성하기 위해 조금이라도 상황을 유리하게 하고자 한다면 어떻게 하는 것이 최적인지를 요구하는 문장이다.

'병력의 분산과 집중'은 에너지 배분이다. 일정한 에너지를 가장 효율적으로 배분한다. 게다가 그 에너지를 고정시켜 버리지 않고 상황에 따라 즉각 바꾸어 간다는 뜻이다. 생각해 보면 인간의 행동 유형에 있어 하나의 원형이라고도 할 수 있지 않을까?

그 속도는 질풍과 같고, 조용함은 숲과 같으며,
침략은 불과 같고, 움직이지 않는 것은 산과 같고,
알 수 없음은 그림자와 같고, 움직이는 것은 번개와 같다

- 질풍과 같이 행동하는가 싶으면 숲과 같이 한적하고 조용하다.
- 습격할 때는 열화와 같이 맹렬하고, 움직이지 않게 되면 태산과 같이 묵직하다.
- 때로는 어둠에 숨은 것처럼 몸을 숨기고 때로는 번개처럼 크게 울려 퍼진다.

손자는 작전 행동은 이렇게 하면 좋다고 말하고 있지만, 인간도 이와 같이 씩씩한 행동을 할 수 있다면 멋질 것이다. 행동의 미학이라고

도 할 만하다.

'나는 도저히 할 수 없을 것 같아'라는 생각으로 두려워하거나, 생각 없이 질질 끌며 애매한 움직임을 해서는 절대 인생의 승리자가 될 수 없다.

세간을 둘러보면 수완가라고 불리는 인물들은 이처럼 강약의 변화가 있는 행동을 하고 있는 경우가 많이 보이는 듯하다.

전리품을 얻었다면 병사들에게 나눠 주고
영지를 확장했다면 그 이익은 군주만의 것이라 하지 않는다
천칭으로 달은 듯이 공평하게 하지 않으면 안 된다

유방이 항우를 타도하여 천하를 얻은 후, 장수들을 모아 연회를 열었을 때의 일이다. 유방이 물었다.

"내가 천하를 얻고 항우는 얻지 못한 까닭은 무엇 때문이라고 생각하느냐?"

이에 대해 고기高起와 왕릉王陵 두 사람은 이렇게 답했다.

"폐하는 공을 세운 자에게 그 땅을 주어, 천하 사람들과 이익을 똑같이 하였습니다. 그런데 항우는 이겨도 상을 주지 않고 땅을 얻어도 사람에게 이익을 주지 않았습니다. 이것이 그의 패인입니다."

유방도 매우 탐욕스럽기는 했지만 유방은 그 이상으로 통이 컸던 것이다. 유방은 측근에게 이런 말을 하기도 했다고 한다.

"천하를 얻었기 때문에 아무리 장수들에게 나누어 주어도 모두 나의 것이다. 걱정하지 마라."

예로부터 내려오는 병서에는
"말로 명령해도 잘 들리지 않으므로 북을 친 것이다.
또 손으로 신호를 보내도 잘 보이지 않으므로 깃발을 사용한 것이다"라고 했다.
그러나 북도 깃발도 목적은 그뿐만이 아니며,
사람들의 마음을 하나로 하기 위한 것이다

손자 이전에는 북이나 깃발이 목소리와 손짓을 대신하여 정보를 전달하는 도구로써만 이해되어 왔다.

손자는 그에 대해 단지 정보를 전달하는 수단만이 아니라, 의사를 통일하기 위한 수단으로써 북과 깃발에 더욱 고도의 가치를 부여하였다.

놀랄 만한 탁견이었던 것은 야구 응원단을 떠올려 보면 충분하다. 관심 없는 사람들에게 있어서는 소음일 뿐이지만 팬과 팀에 있어서는 일체화를 촉진하는 수단이다. 이는 정서에 호소하는 일이므로 가능한

한 요란한 것이 좋다.

손자는 그 뒤에 이렇게 보충해 두었다.

밤에는 횃불과 북을 많이 사용하고 낮에는 깃발을 많이 사용하는
까닭은, 사람의 감각에 더욱 강하게 호소하기 위해서이다.

전원이 일체가 되어 있으면
용감한 사람이라도 멋대로 앞질러 행동하지 못하고
겁이 많은 사람이라도 멋대로 도망치지 못하게 된다
이것이 많은 인간을 관리하는 비결이다

이는 기업으로 말하면 '유지형' 기업에 꼭 들어맞는 말이다. '혁신
형' 기업의 경우는 앞질러 행동할 정도의 사람이 있어야 조직 전체에
자극을 주어 활성화를 촉진하게 되므로 오히려 바람직하다고 인정받
을 것이다.

유지형 조직의 경우는 정말로 손자의 이 말이 딱 맞다. 아무리 능력
이 있다 해도 비조직적인 행동을 취하면 전체로서의 통제가 되지 않
아 오히려 마이너스로 작용하는 것이다. 뛰어난 사람을 다소 아껴 둔
다 해도 뒤처지는 사람을 없애 전체 성적을 올리는 편이 좋다는 뜻이

된다.

혁신형이라 해도 뛰어난 사람이 개인적인 스탠드플레이를 하면 조직은 활성화될 수 없다. 병균이 되어 전염되고 조직을 좀먹어 버린다. 그 균형이 어려운 것이다.

삼군三軍은 기를 빼앗아야 하고 장군은 마음을 빼앗아야 한다

'삼군三軍'이란 고대 중국에서 군을 좌·중·우 또는 상·중·하로 나누어 편제한 것으로부터 '전군全軍'을 의미하게 되었다.

"적 전군의 사기를 꺾어라. 적장의 마음을 동요시켜라" 하는 상대의 심리를 교란시키는 전술은 예로부터 잘 사용되어 왔다. 『삼국지』의 유비와 조조 군이 한수이강漢水을 사이에 두고 대치했을 때의 이야기이다.

유비는 조운趙雲에게 한 부대를 이끌고 상류의 고지대에 진을 치게한 뒤 본진의 대포 소리를 하여 신호로 북을 치고 함성을 지르게 했다. 그리고 조조 측이 '적군의 습격'이라며 응전 준비를 하자 조용히 했다.

이 일을 며칠 밤에 걸쳐 반복했더니 조조군은 피로하여 사기를 잃고 조조 자신도 항복하여 철퇴해 버렸다.

심리전의 효과는 크다. 심리전을 하는 방법, 당하지 않는 방법을 함께 연구할 필요가 있다. 상대를 초조하게 한다, 화나게 한다, 의심하게 한다, 불안하게 한다, 반대로 안심시킨다, 자만하게 한다, 우쭐하게 한다……등 기氣를 빼앗고 마음을 빼앗는 방법은 얼마든지 있다.

인간의 기력은 아침에는 활발하고 낮에는 긴장이 풀리며
밤에는 맥이 풀리는 것처럼 하루 중에도 변화한다
전쟁을 잘하는 사람은 적의 기력이 충실할 때에는 충돌을 피하고
적의 긴장이 풀리거나 맥이 풀렸을 때 공격한다
이야말로 '기氣를 다스리는' 법이다

전쟁뿐만이 아니다. 교섭, 의뢰, 협의, 응대……등 모름지기 사람과 사람의 관계에서는 상호 간 기氣의 상태가 크게 영향을 준다. 부탁할 것이 있는 경우에 상대의 기분이 좋을 때를 노리는 정도는 아이들도 알고 있는 지혜이지만, 분주한 사회생활 속에서는 의외로 이 자명한 원리를 잊어버리는 경우가 많다.

가장 중요한 순간에는 자신의 기를 충실하게 하고 상대의 기 상태를 헤아려 거기에 맞추어 적용하자. 어떠한 상대를 만나든, 누군가를 만날 때는 그 직전에 크게 심호흡을 하여 기를 가득 채우고 나서 만나

는 사람도 있다.

자신의 마음은 정리해 두고 상대의 마음이 어지럽게 되도록 한다
자신은 평정한 마음을 유지하면서 상대의 마음이 파도치도록 한다
이것이 '마음을 다스리는' 법이다*

이는 정말로 심리적 싸움의 요령이라 할 수 있다.

진秦나라가 멸망한 뒤 유방과 항우의 쟁패전 중에서 광무廣武 전투가 이루어졌다. 광무는 지금의 허난성河南省 정저우鄭州시에 가까운 황허강 남안의 구릉지대로, 골짜기를 끼고 약간 높은 언덕이 마주 보고 있다. 여기에 각각 양 군이 진을 치고 수개월에 걸쳐 대치하였으며 종종 두 사람의 설전이 전개되었다.

항우는 유방의 아버지를 포로로 삼고 있었으므로 "항복하지 않으면 삶아 죽이겠다"라고 고함을 쳤다. 또 어느 때는 지쳐 버린 항우가 "우리 두 사람으로 승부하여 우열을 가리자" 하고 외치자 유방이 코웃음을 치며 "주먹다짐은 딱 질색이다. 지혜로 겨루자"라고 반박했다.

---

* 020쪽 〈상대를 화나게 하여 혼란시켜라〉 참조.

이 설전에서 유방은 시종 냉정하게 항우의 마음을 교란시켰다. 항우는 유방에 의해 완전히 '마음이 다스려신' 것이다.

아군은 원정하지 않아 전력을 비축하고 적을 유인하여 전력을 소모시킨다
아군은 쉬면서 적군이 피로해지기를 기다린다
아군은 풍부한 식량을 확보하고 적군은 식량난에 빠지게 한다
이것이 '힘을 다스리는' 법이다

아무리 그래도 이 모든 조건을 갖추기는 어렵다. 현실적으로 불가능에 가까울 것이다.

이 방법은 전력 행사에 대한 이상적인 목표를 제시하는 것이며, 조금이라도 여기에 가까워지도록 노력하는 일이 승리로 향하는 길이라고 말하고 있다. 요즘 표현으로 하면 자신의 에너지는 최대한 발휘할 수 있도록 하며, 적의 에너지는 최소한이 되도록 제어하는 것을 목표로 한다. 그것이 싸움이라는 것이다.

이 힘의 플러스와 마이너스를 축으로 하여 다양한 전술을 구체적으로 생각할 수 있으며 또한 거기에 살이 붙게 된다.

대오隊伍를 지어 오는 대군과 정면충돌해서는 안 된다
당당히 진격해 오는 대부대에 정면으로 부딪혀서는 안 된다
이러한 강적에게는 자유롭게 바꿀 수 있는 전술을 구사하여 대항해야 한다
이것이 '변화를 다스리는' 법이다

현재의 중국은 1949년 건국 이전에 ① 제1차 내전, ② 항일전쟁, ③ 제2차 내전 등 3번의 전쟁을 거쳐 왔다. 그중 ①~②의 시기에 중국 공산당이 이끄는 홍군(②의 시기에는 팔로군으로 불렸다)은 이 병법을 구사하여 증강되었다고 할 수 있다.

우선 ①의 시기에 홍군은 그들의 근거지를 포위 공격해 오는 우세한 국민당 정부군에 대해 정면으로 싸우는 진지전陣地戰을 실시하여 실패하였다. 그 결과, 고정된 전선 없이 자유롭게 바꿀 수 있는 기동전機動戰으로 바꾸어 끝까지 살아 나갔다.

계속해서 ②의 시기, 팔로군은 일본군의 침입에 대해 이때도 역시 자유롭게 바꿀 수 있는 전술로서 대규모인 유격전을 전개하여 농촌을 확보하고 일본군을 도시라는 고정점으로부터 움직이지 못하게 만들었다. 물론 팔로군의 승리는 이 요소가 전부는 아니지만 군사 작전이라는 면에서 보면 이 '변화를 다스리는' 병법이 완수하는 부분은 컸다.

손자의 구성

손자가 저술했다고 하는 현재의 『손자孫子』는 손무 이후 600여 년이 지나 만들어진 『삼국지』의 영웅 위魏나라의 조조가 정리하여 주석을 단 것이 전해지고 있다.

다음의 13편으로 나누어지며 맨 앞에서 '계計'의 기본을 설명하고 마지막에 적황을 살피기 위한 '용간用間'을 두었는데, '그를 알고 나를 알면 백 번 싸워도 위태롭지 않다'로 수미일관되어 있다고 설명하는 학자도 있다

① 시계始計 편 - 싸우기 전에 해야 할 일, 유의해야 할 점

② 작전作戰 편 - 최소한의 희생으로 최대의 효과를 올리는 작전의 기본

③ 모공謀攻 편 - 싸우지 않고 이기기 위한 수단

④ 군형軍形 편 - 싸움의 모습

⑤ 병세兵勢 편 - '형形'을 '동動'으로 바꾸는 것

⑥ 허실虛實 편 - 자신의 '실實'로 상대의 '허虛'를 찌른다

⑦ 군쟁軍爭 편 - 전투의 마음가짐

⑧ 구변九變 편 - 역설적 발상에 근거한 전쟁 방법

⑨ 행군行軍 편 - 포진법布陣法 및 적정 찰지법敵情察知法

⑩ 지형地形 편 - 지형에 따른 전쟁 방법(부하 관리가 섞여 있음)

⑪ 구지九地 편 - 상황에 따른 전쟁 방법

⑫ 화공火攻 편 - 화공의 원칙과 방법(지도자론이 섞여 있음)

⑬ 용간用間 편 - 정보활동

8장

적을 포위했다면 도망칠 길은 열어 두라

★구변九變 편

정말로 사려 깊은 사람은 플러스와 마이너스를 모두 생각한다
플러스를 생각하면 하는 일에 확신을 가질 수 있고
마이너스를 생각하면 화를 막을 수 있다

좋은 사람에게는 좋은 것만 보이고 나쁜 사람에게는 나쁜 것만 보인다고 한다.

그러나 고대 중국에서는 영고성쇠榮枯盛衰가 반복되어 온 역사 속에서 모든 것을 절대시하지 않는 상대적인 견해가 확대되었다. 그 대표적인 것이 『노자』의 사상이다. 『회남자淮南子』에 있는 '인간만사새옹지마人間萬事塞翁之馬'의 우화도 그 흐름을 잇는 전형이다.

새옹의 말이 도망갔지만 이윽고 그 말이 준마를 데리고 온다. 말이 늘어났지만 아들이 낙마하여 다친다. 그러나 전쟁이 일어나 장애가 있는 아들은 징병을 면했다.

화가 복이 되고 복이 화가 되는 이면적 사고는 『손자병법』에도 잘 살아 있다. 이것도 역시 이면적 사고에 근거하고 있다.

성공했을 때 우쭐하면 성공의 플러스는 마이너스가 된다. 실패했을 때 실패 속에서 교훈을 이해하여 다음에 대비하면 실패의 마이너스는 플러스가 된다.

높은 언덕에서는 맞서지 마라

고지에 진을 치고 있는 적에게는 정면으로부터 가면 안 된다.

왜일까? 우선 적군에게는 아군이 잘 보이는 데 비해 아군으로서는 적군의 상황을 파악하기 어렵다. 게다가 상대는 시계가 넓어 매우 멀리까지 볼 수 있다. 뿐만 아니라 상대가 돌팔매질을 하거나 큰 바위를 굴러 떨어트리거나 또는 투석구로 돌을 쏴도 잘 되어 가며 가락이 붙는다. 위를 향해 가려고 하면 힘들다. 원래 위에서 아래로 내려다보는 행위는 우월감을 갖게 하며, 아래로부터 위를 올려다보는 행동은 왠지 열등감을 갖게 한다. 분명히 정면공격은 아군에게 불리하다.

그러므로 지형적으로 유리한 적에 대해서는 그 뒤를 치는 것이 좋다. 즉, 상대는 문자 그대로 아군을 내려다보고 우위에 섰다고 하여 안심하고 있다. 거기에서 배후로부터 돌아서 공격하거나 포위하여 적의 식량 보급로를 차단하고 그 전투력을 약화시켜, 서로의 장점과 단점을 역전시키는 것이다. 이는 우위에 있는 상대를 해치우는 경우에 응용할 수 있다.

언덕을 등지고 있는 적과 맞서지 마라

언덕의 경사면에 진을 치고 있는 적에게는 정면으로부터 대항해서는 안 된다.

이 상황은 '고지에 진을 친 적'과 같지만, 언덕의 경사면에 진을 치고 있는 경우는 고지의 정상에 있는 경우처럼 사방팔방으로 앞을 내다볼 수가 없다.

그 대신 정상과 달리 바람이 강하지 않고 뒤에 언덕이라는 뒷배가 있기 때문에 왠지 안심이 된다. 비유하자면 '호랑이의 위세를 빌린 여우'라고 할 수 있다.

이러한 상대에 대해서도 역시 고지의 적과 마찬가지로 정면공격은 피하는 것이 좋다. 그리고 적을 공격하기 위해 그 강함을 역이용한다.

상대에게 있어서는 뒤의 언덕이 강함이며 믿고 의지하는 것이므로, 아군은 우회하여 뒤로부터 언덕 위로 올라가 버린다. 그리하여 언덕 위로부터 공격하면 입장은 완전히 역전된다. 게다가 상대는 뒷배가 있기 때문에 앞밖에 보이지 않아 언덕의 뒤나 후방을 보지 않는다. 아군이 그 맹점에 들어가 버리면 상대로부터 행동을 간파당하지 않을 수 있다.

---

* 150쪽 〈높은 언덕에서는 맞서지 마라〉 참조.

손자가 정면공격을 피하라고 하는 이유는 분명 이러한 작전을 생각하였기 때문이다.

속여서 도망치는 상대는
따라가지 말라

일부러 도망치는 상대를 끈덕지게 쫓아가서는 안 된다.

도망치는 척을 하여 적을 꾀어내는 수법은 고금동서를 통해 정말 자주 사용되어 왔다. 손자가 '할 수 있어도 못하는 척을 하라'고 말한 까닭도 여기에 있다. 이 수법은 누구나 알고 있지만 명장이라고 불리는 사람까지 걸려들어 매복 공격 아래 당해 버리는 일이 있기 때문에 무섭다.

그럼 어떻게 이 수법을 간파할까? 손자가 구체적으로 제시하고 있지 않으므로 예로부터 병법 학자들은 여러 가지 이야기를 해 왔는데 아래와 같은 의견도 있었다.

---

* 016쪽 〈할 수 있어도 못하는 척을 하라〉 참조.

- 모두 보조를 맞추어 도망친다면 의심스럽다.
- 충분히 싸울 여력이 있고 기세도 올라가 있는 적이 도망친다면 함정이다.
- 적병이 동일한 방향으로 도망친다면 매복하고 있는 것이다.

덧붙여 이 원문에 있는 한자 '북北'에 대한 여담 한 가지를 소개하고 자 한다. 이 글자는 사람이 등을 돌리고 있는 모습을 나타낸 것이라고 한다. 따라서 '도망치다'라는 뜻이 된다. '패배敗北'의 배北이다.

또한 사람은 보통 남향으로 앉는데, 그에 등을 돌리고 있는 것으로 써 '북쪽'을 의미하게 된 단어이기도 하다. 하나의 글자가 완전히 다른 의미를 가지는 이유는 이 때문이다.

정예병은 공격하지 말라

정예인 적 부대를 정통으로 공격해서는 안 된다.

이것도 손자 유파의 무리하지 않는 전쟁 방법이다. 손자의 말이라 고 하기 보다 중국인의 전통적인 사고방식이라고 해도 좋을 듯하다. 중국인들은 일반적으로 옥쇄주의玉碎主義는 취하지 않는다. 적이 정예 라면 우선 약화시키기 위해 노력하지, 무턱대고 부딪혀 전멸하는 일은 하지 않는다.

이 사고방식은 성질이 급해 일을 그르치는 사람이라면 반드시 참고 해야 할 점 아닐까?

전쟁이 아니라 인간관계에 대해서도 마찬가지다. '정예병'을 '외곬 으로 생각하고 있는 상대' '~를 믿고 있는 사람' 등으로 바꾸어 보자. 그런 상대에게 정면으로부터 그 생각은 틀렸다고 공격해 오면 오히려 상대는 확고하게 자신의 생각을 고집할 것이다.

따라서 사이에 한 단계를 둔다. 예를 들어 일단 상대의 사고방식을 인정한다. 또 인정하는 것까지는 아니더라도 어떠한 방법으로든 상대 의 완고한 마음을 열도록 노력한다. 마음을 열게 되면 설득은 80% 정 도 성공이다. 무조건 공격만 하면 되는 것이 아니다.

미끼인 적병을 취해서는 안 된다

중국의 전기戰記에는 미끼 작전이 자주 나온다. 특히 『삼국지연의』 에서는 서로 미끼를 사용하여 속이거나 속거나, 그 의표를 찌르거나 찔리거나 하여 손에 땀을 쥐게 하는 장면이 적지 않다. 사실史實인 『삼 국지』에서도 촉蜀나라의 유비는 그 실패의 원인이 된 이릉夷陵 대전에 서 미끼 작전에 승부를 걸었다.

즉 오吳나라군은 멀리서 온 촉蜀나라군이 피로해지기를 기다려 수비를 단단히 하고 나오지 않는다. 이 국면을 타개하려고 한 유비는 적 앞의 무방비한 평지에 병사 수천 명을 계속 투입하여, 이 병사들을 노리고 오나라군이 나오면 계곡 사이에 숨은 8천 복병이 습격한다는 계획을 세웠다. 그런데 오나라군의 장수 육손陸遜은 그 모습을 수상히 여겨 출격하지 않았고 유비의 최후 계략은 실패하고 말았다.

그럼 함정에 걸리지 않기 위해서는 어떻게 하면 좋을까? 인간은 누구나 욕심이 있다. 욕심이 있는 한 그 욕심에 유혹당하면 정상적인 판단력을 잃고 빤히 들여다보이는 함정에 걸려 버리고 말 것이다.

돌아가는 군사를 막아서지 말라

돌아가고 싶은 마음에 사로잡혀 있는 적은 막지 않는 것이 좋다.

집이나 고향으로 돌아가고 싶은 마음은 화살과 같다. 그 염원을 방해받으면 적은 필사적으로 싸울 것이다. 그러한 적에게는 관여하지 않는 편이 좋다. 너무나도 현실적인 사고다.

촉나라의 제갈공명이 한중漢中(산시성 서남부)에 출격하여 치산祁山산에서 위나라의 사마중달司馬仲達과 공방을 벌였을 때의 일이다.

공명의 군이 철퇴해 오자, 이를 본 중달은 부하인 장합張郃에게 추격을 명했다. 이에 장합은 반대했다.

"철퇴하는 적군은 쫓아가지 않는 것입니다."

그러나 중달은 그 말을 듣지 않았다. 장합은 어쩔 수 없이 촉나라 군의 뒤를 좇았고, 고지에 진을 친 촉나라군의 복병에게 투석구의 돌을 맞고 전사해 버린다.

이 경우, 공명의 철퇴군은 집에 돌아가고 싶은 마음에 사로잡혔던 것이 아니라 미끼 작전이었다. 중달이 병법의 상식을 지켰다면 아까운 인재를 죽이는 일은 발생하지 않았을 것이다.

적군을 포위하는 경우에는 반드시 어딘가를 열어 두어야 한다

위사필궐圍師必闕이라는 이 단어는 책에 따라서 '위사물주圍師勿周'라고 되어 있는 경우도 있는데 '완전히 포위하지는 않는다'라는 의미는 같다. 완전히 포위된 적은 필사적으로 저항해 엄청난 힘을 발휘한다. 따라서 아군의 희생도 커진다.

그러나 어딘가 출구를 열어 두면 적은 싸우기보다 도망치려고 한다. 그 적을 공격하여 포로로 만들면 된다. 곧, '위사圍師의 계計'이다.

군은 60, 70퍼센트의 승리를 100퍼센트라고 한다. 항복한 사람을

전체의 국면을 보지 않고 일부분만 보면 실패한다. 마찬가지로 그 일
무엇 때문에 비롯되었는지, 무엇 때문에 그렇게 하는지를 끊임없이
로에게 묻지 않으면 아무리 노력해도 도움이 되지 않게 된다.

토지는 쟁탈의 목표가 되지만 싸워도 의미 없는 토지가 있다.

문장은 '길도 가지 말아야 할 길이 있다'로 시작해서 이어지는
원칙 중 하나이며 그 취지는 같다.
스 황제 나폴레옹에 의한 러시아 원정의 실패는 이 공식의 예
.

2년 나폴레옹은 70만의 대군을 이끌고 러시아 원정을 결행하여
바를 점령했다. 러시아가 나폴레옹의 금령을 깨고 영국과의 통
개한 데 노한 때문이었다. 나폴레옹은 모스크바를 점령하면
가 굴복할 것이라고 생각했지만, 당시 아직 근대국가의 형태를
있지 않았던 러시아에 있어서 모스크바는 중추 기능으로서의
갖고 있지 않았기에 점령의 의미가 없었다. 나폴레옹이 모스

이라도 가서는 안 되는 길이 있다〉 참조.

죽이려 할 때 도저히 도망칠 수 없다고 생각하면 그 상대가 더욱 강해
지는 법이다. 군을 공격하는 계략으로써, 한쪽을 열고 공격하는 것도
적에게 도망치는 길을 알려 주어 빨리 승리를 얻기 위함이다. 항복한
사람을 노리지 말라는 것이다.

사회생활, 특히 인간관계에서는 이 '위사의 계'가 효과를 발휘하는
경우가 적지 않다. 예를 들어 사람을 꾸짖어야 할 때, 윽박지르고 시끄
럽게 소리만 지르면 상대는 반성하기보다 반발할 것이다. 그런데 상
대의 전부를 부정하지 않고 좋은 점을 인정하면 상대는 순순히 자신
의 죄를 인정하는 마음으로 돌아선다.

너무 궁지에 몰리면 그야말로 '궁지에 몰린 쥐가 도리어 고양이를
무는 격'이 될 수 있다.

다른 사람과 논쟁할 때도 마찬가지다. 상대가 말하는 바를 전부 부
정하면 상대는 온몸에 가시가 돋힌 쥐가 되어 역습해 온다. 결국은 서
로에게 감정적이 되어 버린다.

인정해야 할 부분은 인정해야 발전적인 논쟁이 된다. 일부러 자신
에게 틈을 만들어 상대를 꾀어 들이는 고등 전술까지 생각할 수 있는
것이다.

궁지에 몰린 적에게는 접근하지 말라

위사圍師의 계* 에서 이야기했듯이, 궁지에 몰린 상대는 무슨 일을 할지 알 수 없다. 따라서 조심성 없이 가까이 가서는 안 된다.

가까이 가면 어떠한 방법으로 기를 꺾거나 경계심을 누그러트리거나, 그렇지 않으면 압도적인 힘으로 단번에 저항력을 잃게 하거나, 어쨌든 상대에게 대처할 준비가 되어 있어야 한다. '군자는 위험에 가까이 가지 않는 법'이다.

손권이 지휘하는 오나라군과의 전투에서 크게 이긴 조조의 장수가 "5천의 적조차 어려움 없이 이긴 우리 군입니다. 겨우 그까짓 적, 얼마나 됩니까? 당장 쫓아 버립시다" 하고 큰소리쳤다.

그러자 조조는 말했다.

"그가 적은 인원으로 온 것은 결사의 각오를 하고 있기 때문이다. 열세라고 깔보아서는 안 된다. 사병死兵을 정면으로 상대해서는 손해다."

---

* 156쪽 〈적군을 포위하는 경우에는 반드시 어딘가를 열어 두어야 한다〉 참조.

길이라도 가서는 안 되는 길이 있다

길은 다니기 위한 것이지만 다녀서는 안 되는

우리는 무언가를 하는 경우에 반드시 하나하나서 행동하지만은 않는다. 습관이나 타성, 상식에도 많다. 길이 있으면 그 길은 당연히 가도 되는고 한다. 그런데 그 타성에 대해 '위험하다' '다한다.

인간은 길이 있으면 분별없이 다니려고 하제동이 필요하다. 차원이 낮은 이야기이지만다고 생각되면 슬쩍 무임승차를 하려는 사람

한편, 경영자 중에는 '우리 회사가 해서 안'다 하고 정해 놓는 사람이 있다. 회사란 분명이 '도道'이지만, 아무리 돈을 많이 벌 수 있일이 있기 마련이다.

개인이든 조직이든 국가든 제동이 없으중한 고려 없이 달리려고 하는데, 유혹에서는 안 된다.

크바를 점령했을 때 도심은 텅 비어 있었고, 러시아인의 적개심은 강하게 타올랐다.

격심한 저항, 큰 불, 식량난, 추위에 시달리던 끝에 나폴레옹군은 총퇴각을 할 수밖에 없었다. 그 도중에 40만 명이 죽고 10만 명이 포로가 되는 등 군대는 괴멸하고 나폴레옹은 간신히 파리로 돌아갔다. 결국 이 일이 나폴레옹 몰락의 계기가 되었다.

명령에도 듣지 말아야 할 명령이 있다

군주의 명령이라도 따르지 않아야 하는 경우가 있다.

옛날부터 중국에서는 군주의 권력이 절대적이었다. 순절을 지키려는 몇십 명을 생매장했던 은殷 왕조의 묘에서 청淸 왕조의 거대한 황궁에 이르는 유적을 보아도 그 대단함을 엿볼 수 있다.

그만큼 저항의 에너지도 대단하다. 반역까지는 아니더라도, 이치에 맞지 않는 바는 군주의 명령이라도 반드시 받아들여야 하는 것은 아니라는 사고방식도 존재한다. 그 신념을 완고하다고 할 정도로 실천한 인물도 적지 않다.

권력자의 부정을 기록한 사관이 죽임을 당했는데 동생이 똑같은 내용을 기록해 또 죽임을 당하고 다시 그 동생이 같은 내용을 적기에 이르자, 결국 권력자가 말살을 단념했다는 고사도 있다.

손자의 경우는 이러한 이념과는 조금 다르게 일종의 '군주기관설君主機關說'에 유래하고 있다. 국가는 절대적이며, 군주는 그 기관이다. 따라서 국가나 군을 위한 일이 아닌 군명이라면 받아들이지 않아도 된다는 합리적인 이론이다. 오늘날의 기업에서도 통용되는 사고방식이다.

장수는 구변九變의 원리에 정통하지 않으면
지형을 알아도 땅의 유리함을 얻지 못한다

'구변의 원리'에 정통하지 않으면 아무리 지형을 알고 있더라도 그 것만으로 '땅의 유리함'은 얻지 못한다는 뜻인데, 그럼 '구변九變'이란 무엇일까? 거기에 대해 예로부터 다양한 해석이 이루어지고 있다. 구체적으로 9가지 항목을 찾아내 적용시킨 학자도 있지만 여기에는 무리가 있다.

'구九'는 구체적인 수가 아니라 끝이 없음을 의미하며, '구변'은 '무한한 변'이라는 뜻이다. '변變'이란 '정正' 또는 '상常'이 아닌 것이다. 쉽게 말하면 직구에 대한 변화구다.

'길도 가지 말아야 할 길이 있다'‘땅도 싸우지 않아야 할 땅이 있다’와 같은 병법이 곧 '변變'이므로, 그 일을 무한히 하라는 말은 모든 것에 대해 그러한 사고방식을 취하라는 뜻이다.

지형 그 자체에 생명은 없다. 이를 살려 이용하기 위해서는 임기응변의 사고방식, 나아가서 상식에서는 벗어난 비뚤어진 발상이 필요하다. 조금 과격하지만 손자의 이 구절은 다음처럼 바꾸어 말할 수도 있다.

지도자가 어리석으면 아무리 정보를 자세히 알고 있다 해도 그 정보를 유용하게 쓰지 못한다.

적이 공격해 오지 않기를 믿기보다 자신의 준비된 바를 믿어라
적이 공격해 오지 않기를 믿기보다 적에게 공격할 틈을 주지 않는
아군의 수비를 믿어야 한다

'유비무환有備無患'이다.

_____

＊ 159쪽 〈길이라도 가서는 안 되는 길이 있다〉 참조.
＊＊ 160쪽 〈땅에도 싸움을 피해야 하는 땅이 있다〉 참조.

'적'을 '다른 사람'이라고 바꾸어 읽으면 의미는 훨씬 확대된다.

다른 사람에게 의지하거나 다른 사람의 탓으로 하는 것은 모두 응석(어리광)이다. 다른 사람의 선의에 너무 기대했기 때문에 나중에 배신당했다고 탄식하는 일도, 다른 사람의 악의를 너무 경계하여 인간 불신에 빠지는 것도 그 뿌리는 하나이다. 곧, '자신에게 준비되어 있는 바를 믿는 힘'이 부족하기 때문이다.

주체성이 부족한 것이다. 노자나 손자 또 사상의 흐름이 다른 공자도 그 입장으로부터 주체성의 확립을 호소하고 있다.

> 군자는 무슨 일이든 자기 자신의 문제로서 파악하려고 하며, 소인은 무슨 일이든 남의 탓으로 하려고 한다.
>
> 『논어』

장수에게는 5가지 위기가 있다

죽음을 각오하면 죽을 것이요, 살려고 하면 포로가 된다

성미가 급해 성을 내면 기만을 당한다

청렴결백하면 모욕을 당하고, 병사를 너무 아끼면 번민에 빠진다

장수의 정신 상태는 어떠해야 할까? 예로부터 여러 이야기들이 있

어 왔지만 손자는 냉정한 분석에 의해 장수를 자멸시키는 5가지 마음을 들고 다음과 같은 분석을 추가해 놓았다.

① 너무 죽을 각오로 하는 자는 위험하다. 마음의 융통성을 잃어 대국의 판단을 하지 못해 개죽음을 당한다.

② 생에 너무 집착하는 자는 위험하다. 겁쟁이가 되어 비겁한 행동을 하여 결국 포로가 되어 버린다.

③ 초조해하는 자는 위험하다. 화를 잘 내고, 부하나 적으로부터 약점을 간파당하다.

④ 너무 결벽한 자는 위험하다. 체면에 집착하여 수치스러움에 신경 쓰다 실속 차리는 일을 잊는다.

⑤ 인정 많은 사람은 위험하다. 그 때문에 마음을 쓰다 부하를 너무 동정하여 엄해질 수 없다.

그리고 손자는 이렇게 경고하였다.

이 다섯 가지는 장수로서 가져서는 안 되는 결함이며 작전의 방해가 된다. 군대를 멸망시키고 장수를 죽음으로 몰아넣는 일은 반드시 이것이 원인이다. 잘 살펴야 한다.

9장

벌을 남발하는 것은 지도자가 벽에 부딪쳤기 때문이다

★ 행군行軍 편

적이 강을 건너려고 하면
물가에 있는 동안은 아무것도 모르는 얼굴을 하고,
강의 중간까지 왔을 때 공격을 하면 효과가 있다

손자는 행군의 마음가짐에 대해 많은 바를 논하고 있으며, 예를 들어 지형 등에 따라 매우 구체적으로 이야기하고 있다. 매우 합리적이며 '과연'이라고 생각하게 만드는 면이 있지만 특별히 어떠한 상황인지는 나와 있지 않다. 그러한 가운데 다음의 문장은 매우 함축적이다.

원문 '물영지어수내勿迎之於水內'의 '수내水內'는 물속이 아니라, 적으로부터 보아 강이 자기 측에 가까운 쪽 물가를 말한다.

이 단계에서 성급히 공격을 개시해서는 안 된다. 적이 아직 되돌아 갈 수 있는 거리이기 때문이다. 그보다 흐름의 중간 정도까지 온 순간 공격하면 적은 옴짝달싹 못 하게 된다.

이상의 것을 거꾸로 생각하면 인간을 움직이는 타이밍이 되므로 재미있다. 다른 사람이 무언가를 하도록 만들 때는 적을 공격하는 경우와 반대로, 시작하기 전(물가)에 충분한 설명을 해 둔다. 그리고 이제 시작했다면(흐름의 중간 정도) 너무 참견하지 않는 편이 좋다. 처음에 설명해 두지 않고 도중에 이런 저런 말을 들으면 일을 하기 어려워진다.

모름지기 군대는 높은 곳을 좋아하고 낮은 곳을 싫어하며
양지를 좋아하고 음지를 싫어한다

이는 원래 군을 주둔시키는 장소의 적합성과 부적합성을 들고 있는 문장이다.

우선 높은 곳이 바람직하며 낮은 곳은 좋지 않다고 한다. 행동의 자유, 도망치기 좋음, 병사의 건강 등 모든 점에서 높은 곳이 뛰어난 것은 당연하며 특히 낮은 곳은 비라도 내리면 큰일이다.

다음으로 양지가 좋고 음지는 좋지 않다고 이야기한다. 고대 중국에서는 강의 북쪽과 산의 남쪽을 양지로 했다. 허난성의 뤄양洛陽은 뤄허강洛河의 북쪽 강기슭이고, 또한 산시성陝西省 시안西安의 건너편 기슭에 있는 셴양咸陽(주나라의 도읍)은 웨이수이강渭河의 북쪽, 산베이陝北 고원의 남쪽이다. 어느 쪽에서 보아도 모두 양지에 해당한다는 의미다.

이 병법은 포진법으로부터 바뀌어 사람에게 의욕을 일으키게 하는 방법으로써 활용되어 왔다.

양기를 좋아하고 음기를 싫어한다. '양'은 사람을 그 방향으로 나가게 하고 '음'은 사람을 후퇴하게 한다. 인간은 많은 동식물과 같이 향양성向陽性이다. 소극적인 면만 강조하여 음울하게 있기 보다, 적극적인 면을 강조하여 의욕을 일으키는 존재이다. 이것이 '귀양지계貴陽之計'이다.

상류에서 비가 내려 수면이 물결치면
안정될 때까지 건너지 마라

길모퉁이의 끝에 무엇이 있을까? 내일의 일을 예측하기란 어렵다.

그러나 매사에는 조짐, 징후라는 것이 적지 않게 있다. 덧붙여 점 괘, 조짐 등을 뜻하는 '조兆'라는 문자는 미래 예측과 관계가 깊다. 고 대 중국에서는 짐승의 뼈나 거북 등껍질을 태워 그 갈라진 형태를 보 고 점을 쳤다. 그 갈라진 형태가 상형문자로 된 것이 '조兆'이다.

조짐을 발견할 수 있는지, 발견할 수 없는지가 정말로 운명의 갈림 길이다.

조짐의 발견은 주의 깊은 관찰, 변화에 대한 감도, 그 일에 대한 깊 은 지식 이 세 가지가 갖추어져야 비로소 가능해진다.

손자가 말하는 강을 건너는 마음가짐도 물의 흐름을 잘 보며 이상 하다고 생각하는 감도, 상류에서 어느 정도의 비가 내렸는지 등에 관 한 정보들이 갖추어져 있지 않으면 안 된다는 점을 제시하고 있다.

모두 예측하기 어려운 바에 대해 말할 수 있는데, 나중에서야 '그러 고 보니 그때……'가 되는 경우가 많다. 변화의 시대를 살아가기 위해 촉각을 단련하자.

산지에서 싸우는 경우
산을 넘었다면, 계곡의 남면 그리고 시야가 트인 높은 곳에 포진하라
높은 곳에 있는 적과 싸울 때는, 올라가지 말고 적을 끌어내리는 것이 좋다

포진의 장소와 거기에서의 전쟁 방법을 논한 문장으로써 정말 합리적이며, 특별한 우의寓意를 필요로 할 것까지도 없다.

여기에 이어서 손자는 강가, 연못, 평지 각각에 대한 포진법을 들고 있다. 강가에 대해서는 건너려고 온 적과 싸우는 마음가짐이 재미있다. 또한 수상전은 하류로 가서 상류의 적과 싸우는 방법은 좋지 않다고 이야기하고 있다. 습지는 가능한 한 빨리 통과하도록 하는데, 반드시 습지에서 싸워야만 할 때는 수초를 이용하여 막는 것이 좋다. 평지의 경우는 '편안한 곳'에 진을 치도록 하고 있다. 행동하기 쉬운 장소이기 때문이다.

그리고 '우배고右背高', 즉 오른쪽 뒤가 높은 장소에 진을 치라고 말하는데, 여기에 대해서는 예로부터 여러 가지 설이 있다. 왼쪽 앞에서 온 적은 화살을 쏘기에 안성맞춤이라는 해석도 있는데, 그러면 '오른쪽 뒤에서 온 적은?'이라는 의문에는 어떻게 답해야 할까?

※ 169쪽 〈적이 강을 건너려고 하면 물가에 있는 동안은 아무것도 모르는 얼굴을 하고, 강의 중간까지 왔을 때 공격을 하면 효과가 있다〉 참조.

모름지기 땅에 절간絶澗·천정天井·전뇌轉牢·천라天羅·천함天陷·천극天隙이
있으면 반드시 재빨리 여기를 떠나고 가까이 가지 말라
아군은 이곳을 멀리 하고, 적군은 이곳에 가까이 가게 한다
아군은 이곳을 마주하되, 적군은 이곳에 등지게 한다

   행동하기 어려운 지형의 예를 들어 이러한 장소에는 가까이 가지
말아야 한다고 강조하고 있다.
   그뿐만 아니라 적을 그곳으로 유인하여 몰아넣으라고 한다. 아군에
게 있어서 불리한 조건을 적에게 전가하여 아군의 유리한 무기로 만
들어 버리라는 예사롭지 않은 완고함이다. 또한 이러한 지형에서 싸
울 때에는 그 지형을 등진 적을 향해 공격한다. 한마디로 적을 험한 곳
과 아군의 사이에 끼도록 하는 것이다.
   그 지형이 오늘날에는 '명승지'가 되는 경우가 많다.

① 절간絶澗 - 깎아지른 협곡
② 천정天井 - 사방이 우뚝 솟은 산중
③ 전뇌轉牢 - 삼방이 산으로 둘러싸인 장소
④ 천라天羅 - 초목이 밀집한 곳
⑤ 천함天陷 - 낮은 소택지
⑥ 천극天隙 - 낭떠러지이며 좁은 길

아직 신뢰관계가 형성되어 있지 않은데
규율만 엄하게 해서는 부하가 복종하지 않는다
반대로 심복하고 있는데
규율을 엄격하게 하지 않으면 부하는 제멋대로가 되어 다룰 방법이 없어진다

부하의 관리에 관해 '정情'과 '규율規律' 간의 균형은 어렵다.

'정'만 있는 경우 자칫하면 기강이 서지 않게 된다. 그렇다고 해서 '규율'만 있으면 아무도 심복하지 않는다.

이 문제는 2천 수백 년 전부터 있었던 일로 보이는데, 손자는 정말 손자다운 처방전을 남기고 있다. 현대 경영학에서 미국의 학자 맥그리거McGregor에 의해 엄격한 관리를 강조하는 X-이론과 자주성을 강조하는 Y-이론의 분류가 이루어지고 있는데, 이는 이미 2000년 전의 중국에서 격심한 논쟁이 벌어졌던 일이다.

대략적으로 말하면 유가의 성선설과 법가의 성악설이다. 손자는 싸움이라는 현실의 필요성으로부터 이 양자에 입각하여 생각을 분명하게 내세웠다.

지도자가 자신이 말한 포고령을 지키면 백성은 그를 믿고 따르는 법이다
그러나 평소에 자신이 말한 포고령을 지키지 않으면
중요한 순간에 아무리 설교해도 백성은 복종하지 않는다

손자는 위와 같이 말하고 마지막에 통렬한 한 구절을 덧붙였다.

항상 사람들로부터 신뢰받는 자는 사람들과 성과를 서로 나누어 가진다.

봉건시대의 전제군주에게도 백성의 신뢰를 얻는가에 대한 여부는 중요한 관심사였다.
당 태종은 이렇게 말했다.

흐르는 물의 맑고 흐림은 윗물에 달려 있다. 군주는 정치의 근원이며 일반 백성들은 물과 같아, 군주 자신은 속이면서 신하가 정직하기를 바란다면 오염된 수원에서 맑은 물이 흐르기를 바라는 것과 같다. 이러한 이치에 따라 그렇게 할 수 없다.

『정관정요』

적이 가까이 있는데도 조용하다면
적이 무언가 믿는 부분이 있기 때문이다

손자의 병법 가운데 '상적법相敵法'이라는 것이 있다. '상相'은 보는 것이므로 적정敵情 관찰법이라는 뜻이 된다. 이는 매우 특별한 재능으로써, 아무렇지도 않은 표면의 현상에서부터 감추어진 사실을 알아채는 일이다. 이 관찰법은 사고의 맹점을 찌르고 있으며, 그 사물을 보는 방법에 대해 깜짝 놀라게 되는 경우가 많다.

'상적법'에는 33개 조가 있으며 다음 3개로 나눌 수 있다.

① 적의 동정을 알아채는 법
② 적의 계획을 알아채는 법
③ 적의 내정을 판단하는 법

이 설명은 그 글의 첫머리에 기록되어 있다.

제갈공명의 맞수였던 위魏나라의 명장 사마중달이 랴오둥遼東에서 위나라를 등진 공손연公孫淵을 토벌하러 갔을 때 공손연은 랴오허강遼河 건너편 강가에 포진하여 중달의 군이 가까이 와도 아주 고요했다. 랴오허강의 험준함을 믿고 있었던 것이다.

이에 중달은 공격을 중지하고 미끼 부대로 적의 주의를 끌며, 주력은 우회하여 배후에서 공격해 쳐부수었다.

입장을 바꾸어 보면 쉽게 이해할 수 있다. 상대를 이쪽으로 가까이 오게 만들고 싶을 때는 여러 가지 것을 하여 상대의 마음을 끌려고 한다.

그러니 아무 생각 없이 그 유혹에 빠져 버리면 큰일이다. 이러한 적에 대해서는 매우 조심스러운 정찰偵察에 의해 상대의 진짜 의도를 알아내는 일이 제일이다. 동시에 아군이 거기에 정신이 팔렸다는 점을 상대에게 들키지 않도록 해야 한다.

도발하는 것은 꾀어내기 위함이 아니라, 거기에 아군의 주의를 집중시키게 하고 배후로 돌아가 기습하려는 작전일지도 모른다.

달콤한 이야기는 경계하는 것이 좋다.

이와 유사한 관찰법으로 "적이 장애물 없는 평지에 포진하는 것은 아군에게 유리한 것처럼 보여 주어 꾀어내려고 하는 것이다"라는 조항이 있다.

나무숲이 움직이는 것은 이동하고 있다는 뜻이며
풀숲에 장애물이 많은 것은 의심을 불러일으키기 위함이다
새가 날아오르는 것은 복병이 있다는 뜻이며
짐승이 놀라 달아나는 것은 적이 기습하려 하기 때문이다

손자는 식물이나 동물의 모습을 보고 이변을 알아채는 법을 네 가지로 요약하고 있다.

① 나무들이 움직이는 것은 적습의 조짐이다.
② 풀들에 장애물을 설치해 둔 것은 여기에 의심을 갖게 하여 나아가지 말도록 유도하는 것이다.
③ 새가 갑자기 날아오르는 것은 복병이 있다는 증거다.
④ 짐승이 놀라서 달린다면 대부대의 복병이 있다는 뜻이다.

좁고 높게 오르면 전차가 오는 것이며

낮고 넓은 것은 보병대가 오는 것이다

흩어져서 오른다면 땔나무를 구하고 있는 것이며

적게 왕래한다면 군을 영위하는 것이다

　한마디로 중국 대륙이라 해도 북과 남은 풍토가 매우 다르다. 잘 알려져 있듯이 양쯔강 유역은 물과 녹음이 풍부하며 습하지만, 황허강 유역의 대부분은 삼림도 없고 공기는 건조한 대평원이다. 아주 먼 옛날에는 황허강 유역에도 삼림이 많아 은허殷墟 (허난성 안양시)에서 코끼리 뼈가 출토되었을 정도지만 손자의 대에 이르러서는 이미 심한 건조화가 진행되어 버린 상황이다.

　따라서 흙먼지에 의한 적정敵情 관찰법이 만들어진 일은 매우 자연스럽다. 덧붙여 말하면 중국 고대의 병거兵車는 말이 끌고 가는 이륜차인데, 무기를 가진 무사와 마부가 타고 병사 한 무리가 뒤따르는 형식이었다. 이 무리가 전속력으로 달리면 흙먼지가 흩날리는 일은 너무도 당연했다.

- 흙먼지가 뾰족한 모양으로 높이 흩날리면 전차대가 오는 것이다.
- 흙먼지가 낮고 넓게 흩날리면 보병대가 오는 것이다.
- 흙먼지가 여기저기 흩어져서 가늘게 날리면 적병이 땔나무를 베고 있는 것이다.

- 흙먼지가 여기저기로 이동하면서 흩날리면 적군이 숙영 준비를 하고 있는 것이다.

말은 공손하지만 준비를 한다면 진격하려는 것이다

상대가 자신을 낮추어 말하면서도 착착 준비를 진행해 나가고 있다면, 사실은 진격하기 위함이다.

손자의 적정 관찰법 중, 적의 의도를 알아채는 법에 있어서 첫 번째로 들고 있는 항목이다.

상대가 자신을 낮추면 겉치레라는 사실을 알아도 나쁜 기분이 들지 않는다. 정도의 차이는 있어도 자부심을 갖지 않는 사람은 없을 것이다. 그 기회를 틈탄 적으로부터 한 방 먹지 않도록 하라고 손자는 경고하고 있다.

『삼국지』의 호걸로 특히 인기가 높은 관우가 비명의 최후를 맞이한 까닭은 손자의 이 경고를 잊었기 때문이다.

관우는 동지이며 주나라 군인 유비의 대리인으로서 촉나라의 최전선인 형주荊州를 지키고 있었다. 여기는 촉蜀나라와 오吳나라의 세력이 뒤섞여 있는 장소이며 호걸 관우의 위엄이 서 있는 곳이었다.

이 땅에 인접한 한창漢昌에서 오나라의 육손陸遜이 태수 자리에 앉게 되었다. 육손은 착임하자 바로 관우에게 인사장을 보냈다. 그 내용은 지금도 전해지고 있는데, 그 이상 자신을 낮출 수 없는 문장이다.

관우는 완전히 방심하고 위魏나라군과 싸우기 위해 북상하였다. 그 틈에 준비를 마친 오나라군은 위나라와 호응하여 형주에 침입하였다. 관우는 당황하여 되돌아가는 도중에 패사敗死하고 만다.

말을 강하게 하며 앞으로 달려 나올 듯하면 후퇴하려는 것이다

강한 말투를 해 당장이라도 진격하려는 듯한 분위기를 나타내고 있다면, 반대로 후퇴하려는 것이다.

힘이 없는 자일수록 약함을 보이려 하지 않고 강한 체를 하는 법이다. 작전으로서 의식적으로 이렇게 하는 일도 있다.

기원전 5세기의 일이다. 오 왕 부차夫差, 진나라의 정공定公, 노나라의 애공哀公 등이 허난성 펑추封丘의 황지潢池에서 회맹하였다. 회맹이란 당시 제후가 모여서 맹약을 하는 의식으로서 희생물인 소를 죽여 신에게 바쳤는데, 그때 자타 공인의 실력자가 소의 귀를 잡는 것이

관례였다. 곧, '우두머리가 되다'라는 뜻을 갖는 '우이牛耳를 잡다'의
어원이다.

당시 부차와 정공은 서로 소의 귀를 잡으려고 양보하지 않아 며칠
이 지났다. 그 긴장이 한창일 때 월나라군이 침입했다는 급보가 본국
으로부터 오 왕에게 도착했다. 당황하여 귀국하려고 하면 정공이 눈
치채 약점을 간파당할 뿐 아니라 까딱 잘못하면 귀국 도중에 추격당
할지도 몰랐다.

다행히 부차는 지혜로운 신하의 진언으로 그날 밤 정공의 숙소를
대군세로 에워싸고 양보를 촉구했다. 놀란 정공은 어쩔 수 없이 승낙
하여 회맹이 성립되었고, 이후 오 왕 일행은 모르는 체하며 귀환을 속
행하였다.

정공이 만약 손자의 병법을 알고 있었다면 오 왕의 의도를 꿰뚫고
다른 대처를 했을지도 모른다.

반은 나아가고 반은 물러나는 것이 유인이다

적이 나아갔나 생각하면 후퇴하고, 후퇴했나 생각하면 나아가는
이유는 아군을 유인하려고 하는 데 있다.

원문의 '반진반퇴半進半退'를 '부대를 반으로 나누어, 한 부대는 나아가게 하고 한 부대는 후퇴하게 하는 것이라'라고 해석한 학자도 있지만, 이 해석은 구체적인 형태를 말하고 있는 것이 아니라 전진 같은 후퇴라는 뜻이며, 요컨대 상대의 마음을 끄는 행동과 같다. 낚시에서 물고기를 유인하려고 낚싯대를 위아래로 가볍게 움직이는 행위를 생각해 보라.

인간으로 말하면 밀고 당기기를 하여 이성의 주의를 끄는 구애 행동을 하는 경우가 이와 같은 이치이다. 사람을 움직이고자 하는 경우, 상대의 '마음을 끄는' 것은 분명 자주 사용되는 수법이다.

광고에서 캐치프레이즈나 카피에 노골적인 상품 표시가 아니라 그저 마음을 끄는 듯한 표현에서 그친 경우를 본 적이 있을 것이다. 그런 광고도 넓은 의미에서 말하면 '반진반퇴의 기술'에 해당한다.

마음이 끌리는 채로 상대가 유혹하는 '의도'를 생각하지 못해 '반진반퇴의 기술'에 놀아나는 모습은 일상생활에서 자주 보이는 일이다.

적진 위에 새가 많은 무리를 이루고 있다면
이제 거기에 사람이 없어졌다는 뜻이다

야전의 경우에 대해 생각해 보면 알기 쉽다. 아직 거기에 장병이 있다면 검과 창 등의 무기가 빛나고 깃발이 펄럭이기 때문에 새들이 가까이 갈 수 없다.

그런데 거기에 새가 무리를 이루고 있다. 그러면 필시 거기에 있던 장병들이 남긴 음식물 등을 노리고 새들이 모여 있는 것임에 틀림없다. 까마귀 무리라면 정말로 딱 맞다.

춘추시대에 이러한 실례가 있다.

정鄭나라에 강성을 자랑하는 초楚나라의 대군이 공격해 왔다. 도저히 초나라 대군과 싸워서 이길 방법이 없으므로 정나라 측은 퇴거 준비를 하고 있는데 척후병이 돌아와 초나라 병영에 새가 모여 있다고 보고하였다. 따라서 정나라에서는 초나라군이 물러가고 있다는 사실을 알게 되었다.

또한 진晉나라가 제齊나라를 공격했을 때 진나라의 대부 숙향은 적의 성 위에 새가 무리 지어 있는 모습을 보고 제나라군이 도망친 사실을 알았다고 한다.

적진의 깃발이 마구 요동치고 있다면 내부가 어지럽다는 증거다

깃발은 옛날 군대에 있어서는 단결의 상징일 뿐만 아니라 편제의 안표이며 정보 전달의 수단으로서도 사용되는 등 지금의 우리가 생각

하는 것보다 훨씬 큰 의미를 갖고 있었다. 그리하여 기수旗手는 평범한 병사가 아니라 젊고 우수한 사관이 맡았다.

역사서 『좌전左傳』에 실려 있는 에피소드가 있다.

기원전 7세기 초 소국이던 노魯나라가 대국인 제齊나라(지금의 산둥성에 위치)에 이긴 일로써, 유명한 장작長勺 전투 때의 일화이다. 제나라의 대군이 완전히 패하자, 노나라의 장공莊公이 추격을 명하려고 하는데 장군 조귀曹劌가 "아직 이릅니다"라며 말렸다.

전쟁에서 져 달아나는 척을 하며 복병을 숨겨 두었을지도 모르는 일이기 때문이다.

조귀는 적군 전차의 바큇자국이 흩어져 있는 모양을 확인하고, 차 위에서 일어서 적군의 깃발이 요동치는 모습을 멀리서 바라본 끝에 "추격해도 괜찮겠습니다"라고 말하였다. 후에 조귀가 밝힌 내막이라고 『좌전』은 이야기하고 있다.

큰 나라의 전술은 예측하기 어렵다. 매복을 조심해야 한다. 그 바큇자국이 흐트러진 모양과 그 깃발이 쓰러져 있는 모습을 보고 추격하라고 한 것이다.

현실의 깃발이 아니라 목표가 자주 바뀌는 조직은 흐트러져 있다고도 말할 수 있겠다.

간부가 함부로 부하에게 화를 내고 고함을 지른다면
부대가 지치고 피로해 전의를 잃었다는 증거다

원문은 '이노자권야吏怒者倦也'이다.

병사들이 피곤하고 지쳤을 때는 지시를 받아들이지 않고 상관의 말을 듣지 않기 때문에 화를 낸다는 뜻이다. 리吏란 장수 아래에 속하는 관인을 말하며, 고로 리吏가 화내는 모습을 보고 병사의 피로를 알 수 있는 것이다.

춘추전국시대에 장수의 아래 속해 있는 관인인 리吏는 현대에서 말하면 결국 중간관리직이다. 현대의 중간관리직은 함부로 마구 화를 낼 수 없어 오로지 초조해할 때가 많다. 소속의 장이 초조해하고 있는 조직은 활력을 잃은 것이라 할 수 있다.

간곡하고 장황하게, 천천히 이야기한다면
신망을 잃은 것이다

상사가 부하에게 장황하게 이야기하거나 알랑거리며 이야기한다면 부하들의 신망을 잃었다는 증거다.

'순순諄諄'은 친절하게 이야기하는 모습을 말하고, 흡흡翕翕은 상대의 비위를 맞춘다는 의미가 있다. '서徐'는 '천천히'라는 의미다.

지금 시대에도 지위 있는 자들의 횡포는 심심치 않게 드러나지만, 봉건시대 관리의 권위와 그 거만함은 현대에서는 상상도 할 수 없을 정도로 난폭했다. 노예제로부터 막 벗어난 손자의 시대에는 장수나 무사의 위엄을 두려워할 정도였다. 그런 상사가 신분이 낮은 자를 향해 겸손한 말투를 쓰는 것은 상상하지 못할 엄청난 일이었다.

현대에서는 세대의 단절에 직면하여 중년 관리직들이 젊은 직원들을 관리하면서 골치를 썩는 일이 문제시되기도 하는데, 권위로 인한 것이 아니라 때때로 '순순'하고 '흡흡'한 대응으로 힘들어하는 현상이다. 가까이 가려고 하는 노력도 좋지만, 그보다 가까이 오게 하려는 노력이 더 필요하다.

상장, 상금, 상품 등을 남발한다면
지도자가 벽에 부딪혔다는 증거다

명령해도 부하가 듣지 않으므로 기분을 맞추어 상으로 유혹하고자 한다. 그러나 상의 가치는 희소성이 있어야 높아지는 법이며, 남발하면 기쁨과 고마움이 약해진다. 물건으로 사람을 유혹하는 데에는 한계가 있다. 게다가 인간에게는 '농隴나라를 얻고 나니 촉蜀나라를 갖고 싶어 하는', 즉 하나를 손에 넣으면 다른 것을 또 갖고 싶어지는 특성이 있다. 상을 줄 자금이 없어지면 그대로 끝이다.

이와 반대로 무턱대고 벌을 부과하는 것도 지도자가 벽에 부딪혔다는 증거다.

형태는 반대지만 본질적으로는 상으로 유혹하는 일과 같으며, 역시 효과의 한계가 있다. 게다가 그 한계를 넘으면 반항을 일으킬 위험성까지 존재한다.

진秦나라 말기에는 반항에 애를 먹어 무턱대고 벌칙을 많이 내렸다. 부역해야 하는 기일에 늦었다는 이유만으로 인솔자와 함께 붙잡아 참수형에 처해졌을 정도다. 당시 맨 먼저 봉기를 일으킨 인물은 진승陳勝으로, 부역 기일에 늦은 농민 한 무리를 규합한 일이 그 계기가 되었다. 후에 한漢 제국을 수립하는 유방도 부역할 죄수를 호송하는 도중 도망자가 잇따르자 각오를 하고 죄수들과 함께 결기하였다.

10장

하늘의 시기·
땅의 유리함을
분별하라

★지형地形 편

상황의 분석과 상황에 따른 싸움 방법

손자는 "땅의 유리함을 얻는 싸움을 하기 위해 지형을 파악하는 일은 장수의 중요 임무이며, 지형의 특징을 잘 알아 두지 않으면 안 된다"라고 하며 다음 6종의 지형을 들고 있다.

① 통通 - 길이 사방으로 통해 있는 곳. 이러한 곳은 빨리 가서 고지를 확보하는 쪽이 이긴다.

② 괘掛 - 나아가기 쉽지만 물러나기 어려운 곳. 적이 방심하고 있을 때는 좋지만 방비를 단단히 하고 있으면 아군은 되돌아오지 못하고 궁지에 빠지므로 주의하라.

③ 지支 - 어느 쪽이든 나가면 불리해지는 지형. 적의 꼬임에 넘어가지 말 것.

④ 애隘 - 좁은 장소. 적이 선수를 쳤다면 상대하지 말고 물러날 것.

⑤ 험險 - 험한 곳. 먼저 점거하는 쪽이 유리하다.

⑥ 원遠 - 세력이 비슷할 때는 멀리서 나오는 것이 불리하다.

전쟁뿐만 아니라 무슨 일을 하든 '상황 분석'은 필요하다. 나아가 손자는 분석으로만 끝나지 않고 각각의 상황에 따른 싸움 방법을 들고 있다. 이러한 사고방식은 마케팅에서부터 인간관계에 이르기까지 널리 응용할 수 있다. 그러한 경우로 치환해 보면 재미있다.

패군의 형상과 그 원인

군대에는 도망가는 경우도 있고, 해이해지는 경우도 있고, 함정에 빠지는 경우도 있고, 무너지는 경우도 있고, 어지러운 경우도 있고, 패배하는 경우도 있다. 모름지기 이 여섯 가지는 천재天災가 아니라 장수 탓이다.

손자는 패군의 형상과 그 원인을 6가지로 분류해서 보여 준다. 그리고 그 결과는 누구 탓도 아닌 장수의 책임이라고 말한다. 즉 실패를 초래하는 '지도자의 관리 책임'이다.

이 분류는 각각 한자 한 글자로 나타내고 있는데, 문자에 깊고 넓은 의미를 포함시켜 분류해 보여 주는 것은 지금도 중국에서 자주 사용되는 수법이다.

① 주走 - 패주. 병력의 집중과 분산에 대한 작전을 잘못 세워, 소수로 대적에 부딪친 경우
② 이弛 - 군대 규칙의 해이함*

---

* 193쪽 〈병사가 강하고 지휘관이 약한 상태는 이(弛)다〉 참조.

③ 함陷 - 전력의 공동화^{**}

④ 붕崩 - 지도부의 불일치^{***}

⑤ 란亂 - 전투부대의 혼란^{****}

⑥ 배北 - 전선 이탈. 적의 병력 추정을 잘못한 결과 약병이 강병에 부딪힌 경우

병사가 강하고 지휘관이 약한 상태는 '이弛'다

원문은 '졸강리약 왈이卒强吏弱 曰弛'로, '졸卒'은 원래 병사 백 명의 편제 단위를 가리키는 데서 '병사' 일반을 말하는 단어가 되었다. '리吏'는 원래 관리를 뜻하며, 군대에 대해서 말하면 '지휘관'이 된다. '간부'라고 해도 좋다.

'부하가 강하고 간부가 약할 때' 조직의 기강이 해이해지는 상태를 '이弛'라고 표현하고 있다.

'이弛'란 원래 활이 느슨해져 늘어나 있는 상태를 나타낸다. 아래가

---

^{**}   194쪽 〈지휘관이 강하고 병사가 약한 상태는 함(陷)이다〉 참조.

^{***}   195쪽 〈중요 간부가 불만을 품고 있으며 멋대로 싸우고, 게다가 장수는 부하의 능력을 알지 못한다. 그러한 상태는 붕(崩)이다〉 참조.

^{****}   197쪽 〈장수가 약하고 엄하지 않으며 방침은 불명확하고, 간부도 병사도 동요하며, 부대의 배치도 혼란한 상태는 란(亂)이다〉 참조.

강하고 위가 약하면 견실하지 않게 되어 버린다. 하극상이다. 중국의 역사에서 보면 왕조 말기에는 이 현상이 자주 일어나고 있다. 위上는 속이 부패하여 약해져 있는 것이다. 일반 조직체라 해도 이런 상태에서는 정상적인 운영을 방해받는다.

또한 강함이나 약함 외에 아래와 같은 사례도 생각할 수 있다.

- 부하가 능력이 있고 우두머리는 무능한 경우
- 부하는 의욕이 있고 우두머리는 의욕이 없는 경우

지휘관이 강하고 병사가 약한 상태는 '함陷'이다

원문은 '이강졸약 왈함吏强卒弱 曰陷'이다. 간부가 약하고 부하가 강한 경우 그 군이 '이弛'의 상태가 되는 바는 잘 이해할 수 있다.*

그러나 여기에 이어지는 손자의 말을 조금 더 생각해 보자.

'간부가 강력(유능)하고 부하가 약한(무능한) 경우'에 그 군은 '함陷'의 상태가 된다. 이 '함陷'은 군이 궁지에 빠지는 것 혹은 군을 궁지에

---

* 193쪽 〈병사가 강하고 지휘관이 약한 상태는 이(弛)다〉 참조.

빠트리는 것 등등 예로부터 여러 가지로 이야기되어 왔지만 납득할 만한 정설은 없다.

이는 '함陷'이라는 글자로부터 생각하면 가장 알기 쉽지 않을까? 즉, '함陷'은 함정이다. 함정은 표면적으로는 제대로 되어 있지만 그 아래 숨어 있는 내용은 텅 비어 있다. 그 형태는 '공동空洞'이다.

간부가 훌륭하고 유능하면 그 조직 전체가 매우 좋아 보인다. 그러나 내용은 텅 비어 있다면 실전에서 금세 져 버린다. 바꾸어 말하면 '무른 조직'이다.

이 형태는 『역경易經』의 '☶☷〔산지박山地剝〕'이라는 괘에 해당한다. 위만 있고 속은 빈 모양이다. 이는 붕괴 직전의 위기 상태를 나타낸다.

이럴 때 "위에 있는 자는 가장 아래(천민)를 충실하게 하여 풍족하게 하는 것이 좋다. 그렇게 해야만 자신의 입장도 확고해진다"라고 『역경』에 나와 있다.

중요 간부가 불만을 품고 있으며 멋대로 싸우고,
게다가 장수는 부하의 능력을 알지 못한다.
그러한 상태는 '붕崩'이다

"높은 관리는 화를 참지 못해 불복하며 적을 만나면 원망하여 멋대로 싸우고, 장수는 그 능력을 알지 못하는 것을 붕崩이라 한다."

중요 간부가 불평을 품고 자기 멋대로 싸우는 듯한 상태이면서, 리더는 부하의 능력을 정확히 인지하고 있지 않은 경우에, 중요 간부라고 해석한 원문은 '대리大吏'이다. '대리'는 높은 관리로서, 이는 부장副將이나 보좌역이라고 생각해도 좋다. 리더는 물론 '장수'다.

그러면 리더와 보좌역의 관계가 된다. 리더가 보좌역의 기분을 잘 이해하고 있지 않으면 생각지 못한 때 생각지 못한 곳에서 발목이 잡힐지도 모른다. 이러한 경우는 오늘날의 조직에서도 자주 있는 일이다.

지도부의 불일치가 곧 조직의 '붕崩'을 의미한다. 이 문자는 원래산이 2개로 나뉘어 붕괴됨을 나타낸다. 리더가 멍청하게 있으면 조직이 분열된다.

이 대책은 역시 『역경易經』의 ☶☷(산지박) 괘 에서 구할 수 있다. 이괘는 산이 무너져 평지가 된다는 교훈이기도 하다. 그렇게 되지 않기위해서는 아래를 두텁게 해야 그 자신의 입장도 안정이 된다. 무너질듯한 곳에 흙을 쌓아 올리는 것이다.

---

* 194쪽 〈지휘관이 강하고 병사가 약한 상태는 함(陷)이다〉 참조

장수가 약하고 엄하지 않으며 방침은 불명확하고,
간부도 병사도 동요하며, 부대의 배치도 혼란한 상태는 '란亂'이다

장수가 나약하고 엄격하지 않으며, 교육과 훈련이 제대로 되지
않고, 지휘관과 사병의 기상이 없어서 질서 없이 뒤섞이는 것을
'란亂'이라고 한다.

* 장수는 약하고 엄하지 않으며 지도 방침은 불명확하다.
* 병사는 동요하고 있다.
* 전투 배치를 되는 대로 한다.

이만큼의 조건이 갖추어져 있으면 더 말할 것이 없다. '란亂'임이
틀림없다.

그럼 장수의 엄함에 대해 한마디 해 두자. 엄하다고 하면 태도의 위
엄을 생각하겠지만 『위료자』에 중요한 지적이 있다. 거기에 의하면
"위엄威은 바뀌지 않는 데 있다"라고 되어 있다.

명령이나 태도를 가볍게 바꾸지 말 것. 그것이 진짜 위엄이다. 거만
하게 구는 것은 위엄이 아니다.

나아가 위료자는 "그런 장수는 위로는 하늘에 지배당하지 않고, 아
래로는 땅에 지배당하지 않고, 가운데로는 사람에 지배당하지 않는
다"라고 말하고 있다. 모든 간섭, 제약, 잡음에 좌우되지 않고 신념을

관철하는 것이 진정한 위엄이라는 뜻이다.

전국시대의 책사策士 소진은 서쪽의 강국 진秦에 대항하는 6개국의 남북 동맹 계획을 세우고 각국을 차례로 방문하여 국왕을 설득한다.

그때 우선 들고 있는 바가 지형이다. 그는 땅의 유리함을 활용하면 소국이라도 대국에 대항할 수 있다고 하며 각국에 자신감을 갖게 하였다.

후한後漢의 장군 마원馬援은 남북으로 역전歷戰하여 후한의 기초를 단단하게 한 인물인데, 그가 광무제에게 작전을 설명할 때 곡물을 사용해 입체 지도를 만들어 한눈으로 정세를 알 수 있도록 한 일화는 유명하다.

산행에서도 지도는 필요하다. 무슨 일을 하든 땅의 유리함이나 객관적인 정세를 생각하지 않고서 할 수는 없다.

병사를 볼 때 갓난아이와 같이 해야 함께 깊은 골짜기에도 들어간다
병사를 볼 때 소중한 자식과 같이 해야 기꺼이 죽을 수도 있다

부하인 병사를 예뻐하는 자식처럼 다룬다. 그렇기 때문에야말로
그들은 명령이 있으면 깊은 골짜기 밑바닥까지 내려가 생사를 함
께하려고 하는 마음이 생기는 것이다.

손자가 이렇게 강조할 필요까지도 없이 지도자의 정情이 부하에게
전하는 영향은 절대적이다.
장군 오자吳子는 종기가 난 부하의 고름을 입으로 빨았고, 그 부하
는 다음 전쟁 시에 오자를 위해 결사의 싸움을 하여 전사하였다.
그런데 여기에서 해석이 나누어진다.
법가의 한비자는 '부하에게 정을 주는 것은 부하를 생각해서 하는
일이 아니라 중요한 순간에 잘 기능하도록 하기 위함이다'라는 견해
를 보인다.
한편, 공자는 반대급부를 요구하지 않는 인간의 애정에 무게를 둔
다. 그의 집 마구간에 불이 났을 때 집에 돌아와 이 장면을 본 공자는
가장 먼저 "사람은 무사합니까?"라고 물었다.
이 두 가지 상반되는 사고방식은 인간의 본성이 선인가 악인가 여
부와도 관련되며, 과장해서 말하면 인류가 존속하는 한 계속될 주제
로서 결론은 나오지 않을 듯하다.

부하를 후대하는 일만으로 마음대로 부릴 수 없으며

예뻐하기만 하면 명령에 따르지 않으며,

너무 어지럽게 굴어도 통치가 불가능하니

부모가 너무 아이를 예뻐하여 교만한 자식을 만드는 일과 같아서,

부릴 수 없게 된다

  손자는 부하에 대한 애정이 없으면 안 된다고 했다가 바로 뒤 이어서 이렇게 말하고 있다. 문맥으로 보면 앞의 말은 오히려 뒤의 말을 이끌어 내기 위한 서두였다고 해도 좋을 듯하다.

  『손자』를 연구하여 스스로 그 주역서까지 저술한 위魏의 조조는 이 문장에 대해 다음과 같이 정확한 해설을 부가하고 있다.

    은恩은 그것만 사용할 수 없다. 벌은 그것만 내려서는 안 된다.

  은상恩賞뿐만 아니라 벌도 주어라, 벌뿐만 아니라 은상도 주어라 하는 말이다.

  제갈공명은 부하인 마속馬謖을 신뢰하여 중용重用했다. 그런데 그

---

* 199쪽 〈병사를 볼 때 갓난아이와 같이 해야 함께 깊은 골짜기에도 들어간다. 병사를 볼 때 소중한 자식과 같이 해야 기꺼이 죽을 수도 있다〉 참조.

마속이 중대한 군규를 위반했다. 그가 명령을 무시하고 독주함으로써 아군에게 커다란 손해를 입혀 버린 것이다. 공명은 울면서 마속의 목을 베었다.

필승의 전망이 서면 주군이 싸우지 말라고 해도 싸우는 것이 좋다

그러나 필승의 전망이 없으면, 주군이 싸우라고 해도 싸워서는 안 된다

손자는 "군명君命에도 따르지 말아야 할 것이 있다"라고 말하였다.

황석공黃石公의 병법서에도 "군을 내보내 전쟁을 하는 것은 장수 스스로 마음대로 하는 일이다"라고 되어 있다.

통수권統帥權의 문제로서, 장수가 되었다면 이 정도의 신념은 필요하다. 물론 그 대신 실패했을 때는 전 책임을 질 각오를 해야 한다.

무엇보다 단순한 자신감이 아니라 승리의 전망이 확실한지 아닌지 여부가 중요하다. 잘못된 자신감으로 공명의 명령을 등지고 독단전행하여 돌이킬 수 없는 피해를 낸 마속의 예를 보라.

※※ 200쪽 〈부하를 후대하는 일만으로 마음대로 부릴 수 없으며 예뻐하기만 하면 명령에 따르지 않으며, 너무 어지럽게 굴어도 통치가 불가능하니 부모가 너무 아이를 예뻐하여 교만한 자식을 만드는 일과 같아서, 부릴 수 없게 된다〉 참조.

전한의 장군 조충국趙充國은 서북 지방 평정에 공적功績이 있었다. 강족羌族에 대한 무력 토벌의 칙명에 따르지 않고, 병사에게 농경을 하도록 하고 정착시켜 평화적으로 치안을 회복하였다.

진격하여 이름을 얻고자 하지 말고 후퇴함에 죄를 피하고자 하지 말라
오로지 병사들을 보호하고 이익은 군주에게 합치되게 하라
나라의 보배다

성공해도 자신의 공적으로 하지 않는다. 실패하면 스스로 책임을 진다. 오로지 백성의 안전을 헤아리기 위해 노력하고 군주의 이익을 손상시키지 않도록 한다. 이러한 장수야말로 정말 국가의 보배라고 해야 할 것이다.

보통은 이 반대다. 공적은 모두 자신의 것으로 한다. 실패의 책임은 뭐든지 다른 사람에게 떠넘긴다. 다른 사람의 일은 어떻게 되어도 좋고, 하물며 사회 공공 등은 처음부터 안중에도 없다. 이러한 지도자가 횡행하고 있다. 오히려 이런 모습이 상식화되고 있다. 정의는 시대극의 드라마 속에 있을 뿐이다.

그렇기 때문에 이러한 인물이 실재하면 정말 나라의 보배일 것이다.

옛날, 양梁의 혜왕惠王은 제齊의 위왕威王과 만났을 때 자신이 가진 진귀한 주옥을 자랑했다. 그러자 위왕은 현신의 이름을 말하며 "이 사람이 우리나라의 보배요"라고 말하였다. 혜왕은 한마디도 못한 채 크게 부끄러워했다고 한다.

아군 병사들이 공격할 수 있음을 아는 것도,
적을 공격할 수 없음을 아는 것도 승리의 반이다
적을 공격할 수 있음을 아는 것도,
아군 병사들이 공격할 수 없음을 아는 것도 승리의 반이다

한문은 도중에 주체나 설명 없이 바뀌거나 알기 어려운 부정의 부정이 있거나 하여 이해하기 어려운 부분이 있다. 이 구절도 그러한 것 중 하나다. 정리하면 이러하다.

- 우리 부하가 적에게 이길 수 있는 힘을 가지고 있어도 적이 쉽게 꺾기 어려운 상대임을 알지 못하면 승패의 확률은 50 대 50이다.
- 적이 타도할 수 있는 상대라는 사실을 알아도 우리 군에 그만큼의 힘이 없다는 사실을 알지 못하면 승리의 확률은 또한 50 대 50이다.

『손자』의 바닥에 흐르고 있는 이면적 사고의 좋은 예다. 모든 것에는 양면이 있다. 적군과 아군, 표와 리, 유리함과 불리함, 선과 악······. 그 양면을 잘 보지 않으면 정확한 전체상을 파악할 수 없다. 따라서 손자는 「모공謀攻」편의 유명한 말을 결론으로서 여기에서도 반복하고 있다.

> 그를 알고 나를 알면 싸워도 위태롭지 않다.

적이 공격할 것을 알고, 우리 병사를 가지고 공격해야 하는 것을 알아도 지형상 싸워서는 안 되는 점을 알지 못한다면 승리의 반이다

적이 타도할 수 있는 상대라는 사실을 알았다. 우리 군에게 그만큼의 힘이 있다는 사실도 잘 알고 있다. 그러나 그것만으로는 아직 완전한 승리라고 할 수 없다.

즉, 지형을 숙지하고 있어야 한다. 그렇지 않으면 승리의 확률은 역시 50 대 50이다.

※ 051쪽 〈적을 알고 나를 알면 백 번 싸워도 위태롭지 않다〉 참조.

손자는 앞 항목의 '이면적 사고'를 진행시켜, 더욱 입체적으로 확장했다. 상대의 힘과 자신의 힘, 그뿐만 아니라 양자가 있는 자리에 대한 인식이 필수라고 한 것이다.

힘의 강약은 놓여진 '장소'에 따라 크게 변화한다. 수험생이 시험장의 분위기에 압도되면 본래의 실력을 전혀 발휘하지 못하게 되는 것과 같은 이치이다.

적벽대전赤壁大戰에서 남하해 온 조조군은 그 병력이 십수 만이었다. 그에 대해 손권과 유비 연합군은 갑자기 준비된 3만 안팎으로 도저히 승부가 되지 않는 상황이었지만, 장강의 흐름을 파악함에 따라 양자의 관계는 대역전되었다.

병법을 아는 사람은 군대를 움직임에 미혹됨이 없고
군대를 일으켜도 궁지에 몰리지 않는다

여기에서 말하는 '병兵을 아는 자'는 다음 세 가지에 대해 잘 알고 있는 사람을 가리키고 있다.

① 아군의 실력
② 적군의 실력

③ 지형

이 세 가지만 숙지하고 있으면 행동을 할 때 미혹됨이 없다. 또한 싸움을 시작해도 막힘이 없다.

당대의 감찰어사이며 『손자』의 연구가였던 두목杜牧은 "이 세 가지를 알고 있다 함은 싸우기 전부터 이겼다는 말이다. 따라서 미혹되거나 곤란해하지 않는 법이다"라고 해설하고 있다.

결국은 자신이다. 잘 모르면 전체가 눈에 들어오지 않거나 불안감을 느끼는 경우가 많은데, 알고 있는 바는 조금만 봐도 알 수 있으며 안심할 수 있다. 그 차이이다.

미지의 것에 대한 도전은 확실히 필요하다. 불안함을 견디고 새로운 것을 개척하는 에너지도 중요하다. 그 일에 대해 사전에 충분한 조사 연구를 실시하고 나서 시작해야 한다. 망설임 없이 움직이기 위해……

하늘을 알고 땅을 알면 궁하지 않다

승리를 계속 유지하기 위해서는 하늘의 시기와 땅의 유리함을 판별해 두어야 한다.

하늘의 시기는 타이밍, 다시 말하면 시간의 흐름이다. 땅의 유리함은 적합한 환경조건이라고 해도 좋겠다.

시간의 흐름과 환경의 변화에 잘 대응할 수 있는 사람만이 승리를 유지한다. 바꾸어 말하면 계속 생존할 수 있다. 아무리 크고 힘이 있어도 시간의 흐름과 환경의 변화에는 대항하지 못한다. 번창한 것도 언젠가는 쇠퇴하며 승자도 언젠가는 패한다.

그러나 하늘의 시기 및 땅의 유리함에 대한 투철한 통찰력을 가지고 있다면 쇠퇴하여 패하는 시기를 조금이나마 늦출 수 있다. 또는 앞을 내다보고 변신을 시도하면 새롭게 다시 태어날 수 있을지도 모른다.

이상은 '천天'을 하늘의 시기, '지地'를 땅의 유리함으로 해석한 것이지만 더욱 동적으로 생각하여 '천天'은 '양陽' '지地'는 '음陰'이라는 해석도 가능하다. 밤낮이 교대로 찾아오듯이 양은 음이 되고 음은 양이 되어 무한하게 변화를 반복하고, 그 변화에 바로 응하는 것이 '승勝, 즉 궁하지 않는 것'이라는 이해도 성립된다.

11장

사람은
말만으로
움직이지
않는다

★ 구지九地 편

병사를 부릴 때에는 그저 이익이 되는 것만을 말하고,
불리한 바를 말해서는 안 된다

사람을 움직이게 하기 위해서는 장점을 강조해야 하며 불리한 점이 있다는 것을 강조해서는 안 된다.

위 문장은 "밝게 작용해야 하며 어둡게 작용해서는 안 된다"라는 해석도 가능하다. 아니면 이렇게 읽을 수도 있다.

이렇게 하는 것이 좋다고 하여 해야 할 바를 제시하는 일이, 이렇게 해서는 안 된다고 하여 하지 말아야 할 바를 제시하는 경우보다 효과적이다.

아이들도 항상 "안 돼" "하지 마"라고 하면 싫어한다.
결국은 이것도 '귀양지계貴陽之計'와 같은 사고방식이다. 인간의 심리에는 쾌감 원칙이라는 것이 있다. 불쾌한 것을 피하고 유쾌한 것으로 향하려고 하는 심리는 당연하다.

＊ 170쪽 〈모름지기 군대는 높은 곳을 좋아하고 낮은 곳을 싫어하며, 양지를 좋아하고 음지를 싫어한다〉 참조.

단, 마이너스 면을 조금도 보여 주지 않으려고 하면 오히려 신뢰성을 잃는다. 따라서 아주 작은 결점을 들어 오히려 크게 자신감을 갖게 하는 수법도 있다. 현대 중국어로 말하면 '작은 험담을 하여 크게 도움이 된다'라는 뜻의 '소매대방망小罵大幫忙'이다.

병兵을 사용하는 법은 산지散地, 경지經地, 쟁지爭地, 교지交地, 구지衢地, 중지重地, 비지圮地, 위지圍地, 사지死地이다

9개의 지형을 들어 거기에서의 전쟁 방법을 제시하고 있는데 심리적인 영향이라는 측면으로부터 지형을 분류한다는 점이 독특하다. 이 '구지법九地法'은 환경에 따른 심리적 전쟁 방법이다. 아래에 구지九地의 대강을 들어 둔다.

① 산지散地 - 어떠한 원인으로 장병의 전의를 집중시킬 수 없는 곳. 여기에서는 싸우지 말 것.

② 경지經地 - 국경으로부터 조금 적지로 들어간 곳. 안정되지 않으므로 빨리 떠나는 것이 좋다.

③ 쟁지爭地 - 적군과 아군 모두 손에 넣고 싶어 하는 장소. 이익에 혹하여 섣불리 공격하지 않도록 한다.

④ 교지交地 - 쌍방으로부터 들어오기 쉬운 장소. 뒤섞여서 혼란하므로 부대 간의 연락을 긴밀히 한다.

⑤ 구지衢地 - 모든 세력이 뒤섞여 있는 부분. 외교 교섭을 제일로 유의해야 한다.

⑥ 중지重地 - 적국 깊이 들어가 마음에 중압을 받기 쉬운 장소. 약탈로 발산시키면 좋다.

⑦ 비지圯地 - 험한 지형으로 행군하기 어려운 장소. 빨리 통과해 버릴 것.

⑧ 위지圍地 - 출입구는 좁고 안은 둘러싸여 있는 장소. 전투보다도 계략으로 싸우는 것이 좋다.

⑨ 사지死地 - 싸우는 것 이외에 살 도리가 없는 장소. 필사적으로 싸워야만 한다.

예로부터 용병을 잘하는 사람은 적을 분단시키는 일에 뛰어났다
즉 적의 전위 부대와 후위 부대를 분리하고,
대부대와 소부대의 협조를 잃게 하고,
계층끼리 대립시키고, 간부와 병사를 협력하지 않게 하고,
병사들끼리 뿔뿔이 흩어지게 하고, 단결하지 않도록 하는 것이다

진秦이 멸망한 후 항우와 유방의 4년에 걸친 대결이 이어진다. 처음

에는 항우가 우세했지만 종반에 이르러 유방이 역전승을 하여 한漢 왕조를 창시하게 된다.

항우의 패인 중 하나로, 그가 유능한 브레인인 범증과 대립하여 그를 잃었던 것을 들 수 있다. 게다가 그 일은 빤히 보면서 항우의 모략에 당한 것이었다.

때마침 유방의 본진에 항우의 사신이 방문했다. 유방은 호화로운 연회를 열고 사신을 만나 일부러 놀라는 척을 하며 "뭐야, 범증의 사신인 줄 알았더니 항우의 사신이었나"라고 하여 변변치 않은 요리로 바꿔 주게 하였다. 이 사신의 보고로 항우는 범증을 의심하게 되고, 화가 난 범증은 사임하고 귀향하는 도중 분사憤死해 버린다.

이익에 부합되면 움직이고,
이익에 부합되지 않으면 멈춘다

이익利이 되는 일이라면 하고, 이익이 되지 않는 일은 하지 않는다. 당연한 듯하지만 그렇게 간단한 일은 아니다. 왜냐하면 '이익'의 개념이 확실하지 않기 때문이다.

지금 우리는 '이익'이라고 하면 주로 돈벌이를 떠올린다. 물론 재화의 증가도 분명 이익이지만 손자가 말하는 리利는 그뿐만이 아니라 훨씬 넓은 의미를 가지고 있다.

원래 리利는 벼와 쟁기가 합성되어 만들어진 문자로, 논밭을 가는 데에 '상황이 좋다'라는 점을 의미하였다. 그로부터 바뀌어 예리, 날카로운 무기 등과 같이 '날카롭다'라는 뜻으로 사용되었고 또한 '이득이 된다'라는 의미로도 사용되어 오다가, 대부분 후자를 가리키게 되었다.

손자의 경우는 물론 '이익이 된다'라는 원의도 포함하고 있는 것으로 생각된다. 전후의 문장이나 다른 용례로부터 보아도 이 문장은 '무리가 없고 게다가 이득이 된다면 하라'고 해석하는 것이 정답일 듯하다.

또한 리利의 반대 개념은 '의義'인데, 『논어』에는 "군자는 정의義에 밝지만 소인은 이익利에 밝다" "이익을 보거든 정의를 생각한다" 등의 구절이 있다. 손자는 이러한 논리의 문제로서가 아니라, 승부에 있어 비용 계산의 관점으로부터 말하고 있다.

아끼는 것을 빼앗으면 말을 들어준다

이는 "정연한 적의 대부대가 공격해 온 것을 막기 위해서는 어떻게 하면 좋을까?"라는 질문에 대해 손자가 한 답이다.

상대가 가장 소중히 여기는 바를 빼앗으면 우리가 말하는 바를 들어줄 것이다.

위나라를 포위하여 조나라를 구하는 작전 도 같은 이치이다. 인질을 잡는 행위도 원리는 이와 같다. 행위로서는 비열하지만, 상대의 소중한 바를 빼앗아 사람을 지배하는 전술로는 걸맞다.

이 전술에 관한 작은 사건 하나를 예로 들고자 한다. 막차 시간에 가까운 야심한 밤, 만취한 승객 한 명이 지하철에 탔다. 그 취객은 외투를 벗어 자리에 두고서는 갑자기 바지 지퍼를 열고 일어나 소변을 보면서 비틀거리며 차내를 걸어 다니기 시작했다. 승객들은 아연했다.

그때 한 젊은이가 취객의 외투를 그 소변이 흐르는 곳에 던져 버렸다. 그렇게 취해 있었는데도 자신의 외투라는 사실을 알게 된 순간 그 취객은 순간적으로 소변을 멈추었다. 젊은이는 그 취객에게 일변하고 재빨리 다음 차량으로 이동했다. 인질人質이 아닌 '물질物質'을 사용한 훌륭한 병법이라고 하겠다.

---

* 085쪽 〈적을 잘 움직이게 하기 위해서는, 형태를 보여 주면 적은 반드시 여기에 따른다〉 참조.

적이 미치지 못한 틈을 타
생각지 못한 길을 따라가 경계하지 않은 곳을 공격한다

적이 아직 거기까지 오지 않은 것을 보고 생각지도 못한 길을 따라가 적이 어떠한 대비도 되어 있지 않은 부분을 공격하면 좋다.

샛길을 통해 적이 생각지 못한 곳을 찔러 대승리를 거둔 실제 전쟁의 예는 동서고금에 걸쳐 적지 않다. 이 싸움 방법은 약소 세력이 강대한 적과 싸우는 경우에 자주 사용되고 있다.

이 병법에 따라 약소한 자가 강대한 자를 상대하여 살아가는 길을 생각해 보자.

같은 과정에 같은 방법으로 싸움을 하는 한 강대한 쪽이 이기는 일은 당연하다. 그 상대를 무너트리는 것은 지혜의 힘이다. 이 힘은 물리적인 강약과 관계없이 무한한 가능성을 가지고 있다.

우선 아무도 하지 않은 바를 찾는 노력이다. 처녀지를 찾는 일, 한마디로 '다른 사람이 오지 않는' 곳을 노리는 것이다.

그 다음, 발상의 대전환이다. 다른 사람이 생각지 못한 바를 생각한다. 그것이 '예상치 못한 길'이다. 그리고 강대한 자가 방심하고 있는 곳, 다시 말해 '경계가 없는 곳'을 공격하도록 한다.

적지를 공격했다면 안쪽 깊이 공격하는 것이 좋다

그러면 장병은 싸움에만 전념하게 되고, 이 맹공 앞에 상대는 적대할 수 없다

이 문장에 이어서 손자는 "적의 기름진 평야에서 곡물을 빼앗아 현지 조달에 의해 전군의 식량을 조달하여 기력을 넘치게 하고, 계략을 꾸미면 좋다"라고 말하고 있다.

손자의 시대라면 몰라도 지금 시대에 이 병법은 위험하다. 여기에는 적국민의 저항이라는 큰 요소가 전혀 고려되어 있지 않다.

약탈은 그 저항을 점점 강하게 불러일으킬 뿐이다. 싸움의 장기화에 수반하는 사기의 저하도 생각할 수 있다. 나폴레옹, 히틀러의 모스크바 진격과 그 실패, 일본군의 중국 침입과 그 실패를 돌이켜볼 것까지도 없다. 이 작전은 고대 중국의 제후국을 전제로 해야 비로소 성립된다.

단, 사고방식에 있어서 시작한 일을 완전히 끝내지 않고 흐지부지해서는 안 된다는 점은 이해할 수 있다. 이 말은 무슨 일이든 철저하게 해야 성과가 올라간다는 가르침으로서 받아들이면 그 나름의 의미가 있다.

병사들을 필사적으로 싸우게 하기 위해서는
싸우는 일 이외에 갈 데가 없는 곳으로 몰아넣으면 된다

싸움 이외에는 갈 데가 없는 곳을 '사지死地'라고 한다. 이 싸움 방법이 곧 '사지의 계'이다. 손자는 이 전술을 계속 설명한다.

철저하게 몰아넣어진 병사는 두려울 것이 없어지고, 갈 데가 없어지면 단결하며, 적지 깊숙이 들어가면 동요하지 않게 되어 싸우는 것 외에는 방법이 없어진다.

그렇게 되면 상관이 말하지 않아도 병사들은 스스로 경계하여 자발적으로 행동하고 단결하여 신뢰를 배신하지 않게 된다.

출진의 명령이 내려졌을 때 병사들의 눈물이 뺨을 타고 내려 옷깃을 적실 것이다. 그러한 병사들을 도망칠 곳이 없는 곳으로 던져 넣으면 역사상 용맹스러운 자로 유명한 전제專諸나 조귀曹劌와 같이 된다.

'배수의 진'과 같은 원리임은 말할 필요도 없다.

신神의 말이나 점괘에 의지하는 일을 금하고
의심을 일으킬 수 없도록 만전의 조치를 하면
병사들은 마지막까지 동요하지 않고 싸울 것이다

춘추시대까지는 점괘가 매우 큰 힘을 가지고 있었다. 승패의 예측, 개전開戰 가능 여부, 출진의 기일 등을 모두 점에 의지했던 것이다.

손자는 이에 대하여 합리적인 계산에 근거하는 인간의 의사를 제일로 했다. 물론 오늘날의 의사 결정법과는 다른 점도 많지만 어쨌든 미신으로부터 벗어난 사고를 했다.

이 문장은 그 생각을 선언한 것이다. "신의 말이나 점괘에 의지하지 않고, 의심을 갖지 않게 하는 것"이라는 말도 지금 우리가 생각하는 이상으로 무게를 갖는다.

점괘를 믿지 않는다고 말하면서도 신경 쓰는 사람들은 여전히 많은 편이다. 점괘에 따른 미혹이나 의심으로 괴로운 일도 많지만, 전쟁사에 용명勇名을 남긴 무장의 경우 이를 역이용하여 몰래 자신에게 좋은 신神의 말을 미리 만들어 두고, 부하에게 확신을 갖게 한 호걸도 있다.

어느 쪽이든 점괘보다 자기 자신을 믿을 정도가 아니라면, 지도자는 임무를 수행하지 못할 것이다.

용병을 잘하는 자는 솔연率然과 같다

전쟁을 잘하는 사람은 뱀과 같다.

원문의 '솔연率然'은 뜻밖이라는 의미로서 이를 '뱀蛇'이라고 번역한 것인데, 다음과 같은 설명이 이어진다.

솔연이란 상산常山의 뱀이다. 그 머리를 치면 꼬리가 덤비고 그 꼬리를 치면 머리가 덤비고 그 가운데를 치면 머리와 꼬리 모두 덤빈다.

상산은 허베이성河北省에 있는 중국 5대 명산의 하나로 헝산산恒山, 북악北岳이라고도 한다. 여기에 솔연率然 —'기습'— 이라는 이름의 뱀이 있었다고 한다. 이 뱀은 머리를 치면 꼬리가 갑자기 덤벼 오고, 꼬리를 치면 머리가 갑자기 습격해 오며, 몸통을 치면 머리와 꼬리가 덤벼들어 온다고 한다. 당시 맹렬한 뱀으로서 잘 알려져 있었다.

손자는 이에 비유하여 전 군이 유기적으로 움직여 어디를 맞아도 바로 전체로서 대응할 수 있게 되어야 한다고 이야기하였다.

조직은 비대화하면 아무래도 움직임이 둔해진다. 종적인 내부 조직이 각각의 분파주의에 빠져 연계하려고 들지 않게 된다. 예나 지금이나 그 모습은 변하지 않았다. 손자의 이 말은 조직이 그러해야 할 모습을 제시하는 영원한 과제다.

오吳나라와 월越나라는 원수지간이지만
양국의 사람이 한 배를 타고 건너다가 폭풍을 만나 배가 위험해지면
좌우의 손과 같이 서로 도울 것이다

지금 일상적으로도 사용되는 '오월동주吳越同舟'의 출처다. '오월동주'는 입장이 다른 자가 같은 자리에 앉는 경우를 말하며, 손자는 그러한 사람끼리라도 일치단결시키는 방법이 있다는 점을 이야기하기 위해 이 사례를 인용하였다.

오吳는 지금의 쑤저우蘇州를, 월越은 지금의 사오싱紹興을 각각 도읍으로 하여 2400~2500년 전에 격심하게 대립하여 사투를 벌였다. 각국이 서로 패배의 한을 잊지 않겠다고 한 데서 '와신상담臥薪嘗膽'이라는 고사성어도 만들어졌을 정도다.

이렇게 사이가 나빠도 공통의 위기에 직면하면 협력한다. 일치단결되도록 하기 위해서는 위기감을 부여하면 좋다는 뜻이 된다. 이는 예로부터 위정자가 자주 사용해 온 말이다. 침략의 위협을 마구 부추겨 국민을 한 방향으로 향하게 하는 일은 곤란하겠지만…….

중국인, 특히 한漢민족은 전통적으로 무武보다 '문文'을 중시하여 정치의 힘에 무게를 두었다. 유목 민족의 기병 때문에 습격에 애를 먹고 있던 이 농경민족은 무력에 의한 대항책의 한계를 알고 정치를 제일로 했던 것 아닐까?

초楚의 제상이며 병법가이기도 했던 오자는 '수레의 힘이 아니라 성인의 꾀'라고 말하고 있다. 군사력보다 '정치력'에 의해야 한다는 뜻이다.

군사는 어디까지나 정치의 한 수단이다. 이 말은 '전술보다 전략'이라는 해석도 성립시킨다.

오자는 또한 "백성 모두 우리 군주를 옳다고 하고 옆 나라를 옳지 않다고 보는 싸움은 이미 이긴 것이다"라고도 말했다.

병법서 『위료자』에는 '군대는 정치로 이긴다'라고 되어 있다. 싸움의 승패를 결정하는 것은 정치라는 의미다.

용병을 잘하는 자는
손을 잡아 한 사람을 부리듯이 한다
그렇게 될 수밖에 없게 한다

전쟁을 잘하는 사람은 다수의 병사를 마치 한 사람처럼 일치단결시킨다. 병사들에게 그렇게 하지 않으면 안 되도록 만드는 것이다.

선택지가 많으면 망설임도 많아진다. 조직의 경우는 구성원의 의견이 쉽게 하나로 합쳐지지 않아 사분오열 되어 버려 행동으로 옮기기 어려워진다. 차분히 토의하여 더 좋은 결론을 낸다면 이상적이겠지만, 현실적으로 그렇게 하고 있을 여유가 없는 경우가 있다. 그럴 때는 오히려 선택의 여지가 없어야 정리하기 쉬워진다.

개인의 경우도 사정은 비슷하다. 이것저것 너무 많이 생각하면 행동할 수 없어진다는 말이 있다. 손자의 말과는 반대로 한 사람이 다인수로 분열되어 버리는 경우이다.

조조는 전쟁에 임하는 장수에게 이렇게 말했다.

너무 생각이 많으면 중요한 전쟁은 승리하기 어렵다. 지혜로운 탓에 너무 많은 것이 보여 기회를 놓치기 때문이다.

너무 많이 생각하면 결전하지 못한다. 머리가 좋아 너무 많이 보이므로 큰일을 할 수 없다는 뜻이다.

병사들의 눈과 귀를 어리석게 하여
알지 못하도록 해야 한다

가능한 한 병사들의 눈과 귀를 막아 작전 계획에 대해서는 알려주지 않도록 한다.

지금까지 본 것처럼 손자의 사상은 현대인의 이해와 공감을 얻을 수 있는 점이 많으며 현대 생활에 활용 가능한 부분도 적지 않다.

그러나 그것이 전부는 아니다. 현대에서는 용인할 수 없는 부분도 물론 있다. 2천 수백 년이나 지난 상황이지 않은가.

하지만 병사의 심리를 통찰한 다른 여러 조항과 양립하지 않는 듯 생각되어도 그것은 우리들의 기준이며, 고대인에게 있어서는 전혀 모순되지 않는 내용이다. 이 말의 바닥을 이루는 사고방식을 그대로 보자. 손자는 이 말의 전후에 이렇게 말한다.

장군의 임무는 냉정과 엄숙이다.

사태에 따라 행동을 바꾸고 작전을 바꾸지만 부하인 병사들은 모르도록 한다.

군세 배치를 바꾸고 우회하지만 병사들은 이것저것 생각하지 않도록 한다.

철저한 비밀주의다. 노예에 가까운 당시의 병사에 대한 관리는 이로써 좋았다, 아니, 이렇게 하지 않으면 잘되지 않았을지도 모른다. 현대에도 마음속에서는 이렇게 하고 싶다는 생각을 갖는 리더가 없다고는 할 수 없을 것이다.

부대를 이끌어 싸우고,
이때다 할 때에는 높은 곳에 오르게 한 뒤
사다리를 치우듯이 하라

원문은 높은 곳에 오르게 하고 사다리를 치운다는 뜻의 '등고이거기제登高而去其梯'이다.

'2층으로 올리고 사다리를 치우는 것 같은 일을 하지 말라'는 자주 듣는 비유인데, 위 문장은 반대로 그 일을 하라고 권유하고 있으므로 대단하다.

말할 것도 없이 퇴로를 끊어 싸움 이외에는 없도록 만드는 전술이다. 발상으로서는 '배수의 진'과 같지만, 그 상태를 의식적이고 인위적으로 만들어 내라는 뜻이므로 정말 강렬하다.

손자는 이렇게 이어 나갔다.

군대를 이끌어 적지 깊이 들어갔다면 방아쇠를 당긴 화살처럼 민첩하게 움직이고 배를 불태우고 솥을 부수어 생환을 포기하게 하는 것이 좋다.

몰아치는 양 떼와 같이 병사들은 지휘하는 대로 어디까지라도 나아가며, 게다가 어디로 가는 것인지는 알지 못한다.

전 군의 장병을 잘 장악하여 위험한 곳으로 몰아넣는다. 이것이 야말로 장군의 일이다.

이는 부대의 전쟁 방법이지만 개인의 승부에서도 스스로 퇴로를 끊어 사력을 다해야 한다는 비장의 수법이다.

구지九地의 변화, 공격과 후퇴의 이로움,
그리고 병사의 심리적 변화를 잘 살펴야 한다

전쟁터는 변화가 변화를 낳는다. 변화의 연속이다. 따라서 변화를 이상한 것, 특별한 것, 돌발적인 것으로서 받아들이지 말고 변화하는 것이 정상이라고 인식하지 않는 한 따라갈 수 없다.

이러한 '변화 관리'를 하기 위해 어떻게 하면 좋을까? 그 순서를 제시한 것이 위 문장이다.

① 상황의 변화
② 변화에의 효과적인 대응 방법
③ 병사의 심리

이 세 가지에 대해 장수는 잘 알아 두어야 한다.

우선 변화의 상태를 보고 정하는 것이다. 미리 예상하고 있으면 비록 미지의 것이라도 비교적 냉정하게 관찰할 수 있다. 상황은 변화한다 해도 패턴이 있다. 그것이 구지九地이다.

---

* 212쪽 〈병(兵)을 사용하는 법은 산지(散地), 경지(輕地), 쟁지(爭地), 교지(交地), 구지(衢地), 중지(重地), 비지(圮地), 위지(圍地), 사지(死地)이다〉 참조.

계속해서 그 변화의 유형에 맞추어 굽히고 후퇴하거나 또는 펴 공격한다. 그때 병사들의 심리를 계산에 넣는 일을 잊지 말아야 한다.

법규에 없는 상을 베풀어라

조조가 공적 있는 신하에게 포상을 하는 방법은 어딘가 달랐다. 예를 들어 본인이 칼을 받지 않을까라고 생각하고 있으면 옷을 주거나, 분명 말을 받을 거라고 생각하고 있으면 금을 주거나 하여 반드시 의표를 찔렀다.

같은 정도의 공적이었어도 상이 반드시 똑같지는 않았으며, 신분이 낮은 자에게는 많이 주고 신분이 높은 자는 그만큼 조건이 좋기 때문이라는 판단으로 조금만 주었다.

이에 대해 조조는 "적을 공격할 때 적이 생각지 못한 부분을 공격하는 일이야말로 유리하지 않겠는가? 그와 같은 일이다"라고 말했다.

조조는 손자를 연구하고 손자의 병법을 실전에 활용하였으며 포상 방법도 『손자병법』에 따랐다. 그 내용은 다음과 같다.

상은 판에 박힌 듯하지 않은 것을 주어야 한다.

어느 기업에서 좋은 아이디어에 사장 상을 줌으로써 호평을 얻었다. 이후 '아이디어 상 지급 규정'을 제정하여 위원회를 설치하고 일정한 상으로 고정했더니, 여러 가지 많은 의견이 나옴에도 불구하고 항상 무난한 것만이 수상하고 또한 표창식도 겉치레가 된 끝에 효과가 낮아져 결국에는 폐지되어 버렸다. 상뿐만 아니라 선물, 연설, 편지 모두 판에 박힌 것은 인상 깊지 않다.

이것을 범犯하는 데에 일로써 움직이게 하고
말로써 알리지 않는다

사람을 어떻게든 움직이려고 하는 경우, 사실을 제시하여 유혹해야 한다. 말뿐으로 움직이게 하려고 생각지 말라.

원문의 '범犯'은 '해하다' '손상시키다' 등의 의미이다. 손자를 해설한 조조는 '범犯은 사용하는 것이다'라고 기록했지만, 단지 사용하는 것이 아니라 상대를 손상시키는 일이며, 어떻게든 상대를 움직이고 싶은 경우의 일을 가리킨다.

명령만으로 간단히 사람을 움직일 만큼 세상은 쉽지 않다. 명령만으로 사람을 움직인다면 사실상 가장 위대한 설득자이다.

진秦나라의 재상 상앙商鞅은 획기적인 법령을 공포하는 데 앞서, 백성에게 그 내용이 전달되지 않는 것 아닐까를 걱정했다. 그래서 그는 우선 도읍의 남문에 큰 나무를 세워 '이 나무를 북문까지 운반한 자에게는 10금을 주겠다'라는 팻말을 걸었다. 생각지 못한 큰 금액이므로 아무도 믿지 않고 손을 대려고 하지 않았다. 이에 상앙은 상금의 액수를 50금으로 끌어올렸다. 그러자 어떤 남자가 반신반의하면서도 실제로 나무 옮기는 일을 해 보았는데 정말 50금을 받았다. 머지않아 상앙은 새로운 법령을 내놓았고, 누구나 그 법령을 잘 지켰다.

궁지에 서서 사지에 들어가야만 활로가 생긴다
병사들은 위험한 상황에 처해야 비로소 진검으로 승부할 마음이 된다

궁지에 몰렸을 때 위축되어 전의를 상실해 버리는 경우를 생각할 수 있다. 그렇게 되지 않고 전력을 내도록 하는 일 중 하나로는 평소의 훈련에 의한 실력의 축적을 들 수 있다. 몸이 기억하고 있으면 무의식 중에 그 실력이 나온다. 집단의 경우는 거기에 더해 리더의 역량에 의한 부분이 크다.

오자는 위魏나라의 장군이었을 때 무사들을 모아 성대한 연회를 열었다. 그때 가장 무공이 높은 자는 맨 앞줄에 앉게 하여 최고의 요리를 대접하고, 중간 정도의 공적을 세운 자는 중간에 앉게 하고 중간 정도의 요리를 대접했다. 공적이 없는 자는 뒷줄에 앉게 하고 변변치 않은 요리를 주었다. 돌아갈 때는 공적에 따른 선물을 부모처자에게 가져다주도록 했다.

이윽고 진秦나라가 침입해 왔다. 오자는 어떠한 공적도 세운 적 없이 항상 맨 뒷줄 연석에 앉았던 자들만 모아 스스로 그들을 이끌어 10배나 되는 진나라군과 싸웠다. 공적이 없는 병사들은 필사적으로 저항하여 진의 대군을 격파했다.

전쟁에서 중요한 바는 적의 의도를 상세히 파악하는 데 있다

전쟁을 하려면 적의 몸이 되어 그 심리를 잘 아는 일이 중요하다.

원문의 '순상順詳'은 밖으로부터 판단하는 것이 아니라 '상대의 사고방식에 따라 상대를 소상하게 밝힌다'라는 내용이다. 상대의 입장에서 생각해 보면 몰랐던 것도 잘 알 수 있게 된다.

즉 승부의 극치의 하나로서 '적이 된다'라고 하는 점을 들고 있다. 이는 '자신을 적으로 바꿔 생각해야 한다'라고 설명되고 있다.

자신이 상대였다면 어떻게 할 것인가? 그 점을 알아내는 일로부터 작전을 세워 간다. 교섭 등에서는 반드시 필요한 순서다. 독심술의 기본도 이것이다.

한漢나라의 혜제惠帝가 죽었다. 그 어머니이며 최고 권력자인 여태후呂太后의 모습을 본 수행원이 제상 진평陳平에게 살짝 말했다.

"혜제는 태후가 배 아파 낳은 유일한 아들입니다. 그가 죽었다는 사실에 태후는 진심으로 울고 있을 수 없습니다. 당신네들 중신의 반역을 두려워해 슬퍼하고 있을 여유가 없기 때문입니다. 당신들은 숙청될 위험이 있습니다."

진평은 여태후 일족을 요직에 앉히고 딴 마음이 없다는 점을 보여주어 대량 숙청의 위기를 면했다.

처음에는 처녀와 같이 행동하다가
적이 문을 열 때 달아나는 토끼처럼 하면 적이 항거할 겨를이 없다

처음에는 얌전하게 있다가 나중에는 맹렬하게 움직인다는 뜻에서 '처음에는 처녀와 같이, 끝은 도망치는 토끼와 같이' 하는 말은 자주 사용된다. 자주 사용되는 데 비해 이 말이 『손자병법』에 나왔다는 사실은 알지 못하는 사람이 많다.

처음에는 처녀와 같이 약하게 대한다. 그러면 상대는 완전히 안심해 버린다. 그러다가 이번에는 도망치는 토끼와 같이 맹렬한 기세로 부딪친다. 안심하고 있던 상대는 갑작스럽게 당해 도저히 막을 수 없다.

여담이지만 '처녀處女'의 '처處'는 아직 세상에 나가지 않고 집에 있다는 의미로서, 즉 시집가기 전의 미혼 여성이라는 말이다. 본래는 육체적 현상을 가리키는 단어가 아니다. 옛날에는 결혼 전의 여성은 연약하다는 점을 특징처럼 여겼다. 그것을 알지 못하면 이 말의 의미가 성립되지 않는다.

'척을 하다'는 병법의 극치의 하나이다. 단, 약하면서 강한 척을 하거나 모르면서 아는 척을 하는 것은 아니다. 약한 척을 하여 상대를 안심시키거나 아니면 우쭐하게 만든다. 모르는 척을 하여 상대의 수준을 파악하고 새로운 지식을 얻는 방법이다.

12장

군주는
노여움으로
군대를 일으켜서는
안 된다

★화공火攻 편

모름지기 화공火攻에는 다섯 가지가 있다

첫째는 적병을 불태우는 것, 둘째는 적의 군수물자를 불태우는 것,

셋째는 적의 수송대를 불태우는 것, 넷째는 적의 창고를 불태우는 것,

다섯째는 적의 부대를 공격하는 것이다

손자는 화공을 중시해 특별히 한 편으로 설정하여 그 마음가짐을 이야기하고 있을 정도다.

중국 역사에서 유명한 화공火攻은 『삼국지』의 '적벽대전'이다. 남하해 온 조조의 대군 수십만을 손권과 유비의 연합군 3만 명 이상이 요격하여 양쯔강 중류, 적벽의 수상전에서 대승했다.

손권의 부장部將 황개黃蓋는 조조에게 투항하겠다고 속이며 마른 풀을 가득 실어 위장한 배 10척으로 접근해 불을 놓아 조조의 선단船團에 파고들었다.

손권의 시대는 손자로부터 500, 600년 떨어져 있지만 그 자손이라고 이야기되고 있으며, 선조의 병법을 계승한 것일지도 모른다. 또한 조조는 손자의 병법을 정리하여 자세한 주석서를 남겼음에도 보기 좋게 당한 꼴이다. 아니면 조조는 이 패배에 의해 손자병법의 위력을 깨닫고 그것이 동기가 되어 손자 연구를 시작했을지도 모른다.

이 말은 화공의 목적과 대책을 ① 인원의 살상, ② 쌓여 있는 양곡, ③ 물자 수송차, ④ 창고, ⑤ 적진의 혼란 등의 5가지로 분류하여 명확하게 한 것이다. 무턱대고 불을 놓는 일은 무의미하다.

불을 사용하는 데에는 반드시 조건이 있다

불을 붙이는 도구는 반드시 평소에 가지고 다닌다

- 화공을 실시하는 데에는 실시하는 이유가 있는 법이다. 그 이유를 명확히 한 다음에 실행해야 한다.
- 화공은 단지 불을 붙이면 좋다는 뜻이 아니다. 평소부터 도구나 재료를 갖추어 두도록 한다.

화공은 간단히 할 수 있을 듯하지만 일종의 비상수단인 만큼 진중함을 요한다. 특히 '왜 그 일을 하는가?'를 충분히 확인해 두고 나서 행동하지 않으면 생각지 못한 결과를 초래한다.

이렇게 다시 묻는 일을 필요로 하는 것은 화공뿐만이 아니다.

치열한 전쟁에서 자신의 군사들이 많이 죽었다면 보복이라는 감정이 왜 없을까? 그러나 이러한 경우라도 화공은 신중해야 한다. 또한 화공은 정치적으로 보더라도 반드시 성공하지만은 않는다. 그러기는커녕 화공 때문에 몰락을 앞당기는 한 요인이 되기도 한다.

화공의 목적과 대상은 다섯 가지로 분류되는데 화공 시의 다양한
싸움 방법에 대해 손자는 역시 다섯 가지 마음가짐을 들고 있다. 그것
이 여기에서 말하는 '다섯 가지 변화'다. 그리고 '수數를 가지고 이를
지키라'고 한다. 조건에 따라 활용하는 일이 중요하다는 뜻이다.
참고로 그 5개를 들어 둔다.

① 적진에 불길이 올라갔다면 꾸물거리지 말고 외부로부터 공격한다.
② 단, 불길이 올라갔는데도 적이 조용할 때에는 어설프게 공격하지 말고 잠시
   대기하여 모습을 엿보는 것이 좋다. 그리고 화력이 왕성해지기를 기다린 다
   음 공격해야 할지 물러나야 할지를 확인한다. 어떻게든 냉정한 판단이 필요
   하다.
③ 화공은 원칙으로서 첩자에 의해 적진의 내부로부터 불을 놓아야 하지만, 조
   건이 맞으면 밖에서부터 불을 놓아도 상관없다.
④ 불은 항상 적의 바람 위에 놓고 바람 아래에 놓아서는 안 된다.
⑤ 낮의 바람은 계속되고 있어도 밤에는 멈춘다는 점을 알아두면 좋다.

---

* 237쪽 〈모름지기 화공(火攻)에는 다섯 가지가 있다. 첫째는 적병을 불태우는 것, 둘째는 적
의 군수물자를 불태우는 것, 셋째는 적의 수송대를 불태우는 것, 넷째는 적의 창고를 불태우
는 것, 다섯째는 적의 부대를 공격하는 것이다〉 참조.

불을 가지고 공격을 돕는 일은 명明이 필요하며

물을 가지고 공격을 돕는 일은 강强이 필요하다

화공火攻과 수공水攻을 비교하고 있는 문장인데 '명明'과 '강强'이라는 추상적인 표현이며 게다가 거기에 대한 설명도 없으므로 이해하기가 매우 어렵다.

따라서 예로부터 학자들이 여러 가지로 연구하여 "불은 밝으므로 아군의 병력도 간파당한다는 결점이 있다" 등으로 해석하고 있다.

그러면 '명明'은 지혜의 작용, '강强'은 힘의 작용이라고 해석하면 어떨까?

화공에 의해 주력군의 공격을 원조하는 일은 지혜의 승부이며 수공에 의해 주력군의 공격을 원조하는 일은 힘의 승부다.

화공이 효력을 발휘하는 까닭은 단지 불을 붙여 깡그리 태워 버리는 것이 아니라 다른 행동과 연계시켜 활용하기 때문이다. 수공에 비하면 약간 지능적이며 야구의 히트앤드런hit and run과 비슷하다.

이에 비해 중국에서의 수공은 국지의 침수만으로 끝나지 않고 대평원을 침수시켜 버리는 경우가 적지 않았다. 손자의 사고방식으로 하면 이는 우격다짐의 승부이며 '명明'이 결여된 전술인지도 모른다.

싸워서 이기고 공격하여 탈취했는데도 그 공攻을 다스리지 않는다면
매우 좋지 않은 일이다. 이를 비류費留라 한다

비록 전쟁에서 이겨도 중요한 목적이 달성되지 않았다면 대실패
다. 정말로 헛수고라고 해야 할 것이다.

전쟁이든 싸움이든 무언가의 원인이 있으며 목적이 있기 때문에 일
어나는 법이다. 그런데 하고 있는 동안 목적이 어디론가 사라지고 이
기는 일에만 집착하게 되어 버린다. 이는 자주 있는 일이다. 이겼어도
손에 넣은 것이 폐허와 증오뿐이어서는 곤란하다.

전략적 사고가 빠지면 분명 이렇게 될 것이다. '이 말은 전쟁에서 승
리한 후의 경영을 이야기한 것이다'라고 해석한 옛날 학자도 있다. 그
에 따르면 이러하다.

'비록 전쟁에서 이겨도 그 전쟁의 성과를 활용하지 못하면 도로아
미타불이다.'

군주는 분노로 군대를 일으키면 안 되며
장수는 노여움으로 전투를 해서는 안 된다
이익에 부합되면 움직이고 이익에 부합되지 않으면 멈춘다

군주인 자는 분노에 의해 군대를 일으켜서는 안 된다. 장수인 자는 노여움에 의해 전투를 해서는 한 된다. 일시적인 감정이 아니라 유리하면 움직이고 불리하면 움직이지 않는 냉정한 판단이 필요하다.

이 뒤로 명문구가 이어진다.

분노는 다시 즐거움으로 바뀌며 노여움은 다시 기쁨으로 변할 수 있지만, 한 번 멸망1한 나라는 다시 세울 수 없고 죽은 자는 다시 살아날 수 없다. 따라서 총명한 군주는 이를 신중히 하고 훌륭한 장수는 이를 경계한다. 이것이 나라를 편안하게 하고 군대를 보전하는 길이다.

분노의 감정은 시간의 경과와 함께 가라앉지만 나라는 멸망하면 그걸로 끝이다.

책임이 있는 자일수록 이 문장을 마음에 새겨야 한다. 무능한 장수는 화를 폭발시켜 성을 찌부러트리고 우수한 인재를 죽음으로 몰아넣

는다.

중국에서는 『삼국지』의 영웅 유비가 맹우이자 충신인 관우를 죽인 일에 격노하여 멀리서부터 무모한 원정을 했기 때문에 싸움에 패해 죽었다. 뛰어난 지혜를 가진 공명도 저지할 수 없는 일이었다.

13장

정보 수집을 게을리하지 말라

★용간用間 편

은상恩賞이나 비용이 아까워
적의 정보 수집을 게을리하는 지도자는
사람 위에 서는 장군이라고 할 수 없다
주군의 좋은 보좌역이라고도 할 수 없다
또한 이로써는 승자가 되는 일도 의심스럽다

조사 정보활동에 무관심한 지도자에 대한 손자의 비판은 정말 엄하다. 몹시 엄하게 꾸짖고 있다. 거기에는 정확한 이유가 있다. 즉, 손자는 이렇게 말한다.

십만 군을 동원하여 천 리나 되는 길을 원정하면 백성의 부담, 국가의 경비는 하루에 천금이 든다. 게다가 나라 안팎이 떠들썩해지고 사람들은 동분서주하여, 70만이나 되는 농가가 가업을 소홀히 하게 된다. 이렇게 해서 수년이나 대치한 끝에 단 하루로 최후의 승부가 결정되어 버린다.

이만큼의 희생을 지불하는 데에 정보를 모으기 위한 비용을 아까워하면 되겠는가? 적은 비용으로 얼마큼의 큰 희생을 면할 수 있을지, 그 효과를 특정할 수 없다는 뜻이다. 그래서 손자는 마지막 한 장을 「용간用間」편으로 할애하여 정보활동을 이야기하고 있다.

총명한 군주, 현명한 장수가 싸우면

이기고 큰 성과를 올릴 수 있는 이유는

'먼저 알기' 때문이다

'먼저 안다先知' 함은 개전에 앞서 적의 상태를 아는 일이다. 현대에서 말하는 정보 수집이다. 나아가 '먼저 안다'에는 앞으로 일어날 일을 미리 아는 예측의 의미도 있다.

이 '먼저 아는 일'은 어떻게 하면 가능할까? 손자는 다음과 같이 말한다.

> 먼저 아는 일은 귀신에 의지해 얻을 수 있는 것도 아니고, 점괘에 비추어 얻어지는 것도 아니고, 법칙에 따라 헤아릴 수 있는 것도 아니며, 반드시 사람에게서 적정敵情을 알 수 있다.

당시 일반적이었던 바는 ① 귀신을 통해 아는 것(조상의 말), ② 점괘에 비추어 아는 것, 또는 ③ 천간 오행에 따라 아는 것이었다. 손자는 이를 멀리하고 있다. 학자에 따라서는 ②를 경험, ③을 수數라고 해석하는 설도 있지만 요컨대 미리 알기 위한, 사실에 입각한 판단 재료는 아니다.

손자는 적정을 알기 위해 반드시 의지해야만 하는 바는 '사람' 즉, '첩자'라고 말하고 있다.

스파이라고 하면 음모와 같은 어두운 이미지를 주지만 오늘날의 감각과는 달리, 손자가 노리는 바는 사람에 의한 '살아 있는 정보의 수집'에 있었다.

첩자를 이용하는 데는 다섯 가지가 있다
향간鄕間, 내간內間, 반간反間, 사간死間, 생간生間이다

적의 정보를 수집하는 첩자에는 다섯 종류가 있다.

① 향간鄕間 - 마을 사람을 이용한다. 적국의 주민에 의해 정보를 수집한다.

② 내간內間 - 관인을 이용한다. 적국의 관리에 의해 정보를 수집한다.

③ 반간反間 - 적의 첩자를 이용한다. 적국의 첩자를 회유하여 아군의 첩자로 삼는다.

이상은 적의 사람을 이용하는 일이며, 이하는 아군 측에서 파견하는 첩자이다.

④ 사간死間 - 적에게 맡긴다. 죽음을 각오하고 적지에 잠입시킨다. 또한 이에 대해서는 '거짓 정보를 아군 측 첩자에게 알려 적의 첩자에게 전달'하게 하는

책략도 있다. 곧 거짓 정보를 흘리는 방법이다.

⑤ 생간生間 - 돌아와 보고한다. 적국으로부터 생환하여 보고한다.

현대에는 딱 와 닿지 않는 점도 있는 분류와 명칭이지만 활동의 대략을 추측하기에는 충분하다. 또한 인간 사이를 갈라놓는다는 의미로 '반간고육지책反間苦肉之策' 등과 같이 성어로서도 사용되고 있다.

첩자는 가장 신뢰할 수 있는 인물에게 맡기며 최고의 대우를 해 준다
그리고 그 활동에 대해서는 절대 비밀을 지켜야 한다

손자가 말하는 첩자는 조금 거물이다. 그는 이렇게도 말하고 있다.

옛날, 하夏 왕조를 대신하여 은殷 왕조가 번성했을 때 공신功臣 이윤伊尹은 하夏나라로 가서 상황을 탐색했다. 은 왕조를 대신하여 번성한 주周 왕조의 공신 여상呂尙은 일찍이 은殷에 있었고, 그 경험으로 은나라를 치고 주나라를 세우는 데 공이 컸다. 이처럼 뛰어난 지혜를 갖춘 인물을 첩자로서 사용하는 일을 할 만한 총명한 군주, 현명한 장수가 아니면 큰일은 이루지 못한다.

이윤이나 여상은 중국의 고대사에서도 손꼽히는 뛰어난 인물이며, 그들을 첩자라고 말할 수 있을지는 의문이지만 손자는 첩자의 역할을 높이 평가하기 위해 이 거물들을 예로 들었다.

첩자의 활동에 따라서는 싸우지 않고 이기는 일이 가능하며 싸우는 경우에도 희생을 적게 하여 이기는 것이므로 손자의 병법에는 불가결한 존재이다. 그리고 이는 요즘 말로 스파이보다는 훨씬 의미가 넓으며 '그를 알고 나를 알면 백 번 싸워도 위태롭지 않다'를 구현하기 위한 방법이다.

뛰어난 지혜가 없는 자는 첩자를 활용할 수 없으며
어질고 의롭지 않은 자는 첩자를 부릴 수 없다

손자의 병법은 승부의 과학이며 그 자체는 윤리 도덕과는 관계없다. 손자의 기술에도 그 점은 나타나고 있으며, 다른 많은 중국 고전에 나오듯이 '인仁'이라든가 '의義'라는 문자도 나오지 않는다.

그러나 '첩자'를 사용하는 방법에 대해서 이야기할 때는 꼭 이 말이

※ 051쪽 〈적을 알고 나를 알면 백 번 싸워도 위태롭지 않다〉 참조.

나온다.

- 지혜가 뛰어난 군주가 없으면 첩자를 활용할 수 없다.
- 인仁과 의義를 존중하는 군주가 아니면 첩자를 부릴 수 없다.

원문의 불능不能은 '할 수 없다'뿐만 아니라 '해서는 안 된다'라는
의미가 될 수도 있다. 이 경우는 후자 쪽이 정답일지도 모른다. 즉, '지
혜가 뛰어나고 게다가 인과 의를 존중하는 군주가 아니면 첩자를 사
용해서는 안 된다'는 것이 손자의 마음 아니었을까?

'간間'이라는 행위는 정보 수집뿐만 아니라 때때로 '모략공작'도 포
함한다. 그것은 인간의 마음─명예심, 욕망, 질투, 화 등─을 지렛대
로 하여 감추고 있는 바를 찾거나 인간을 움직이게 하는 방법이다.

예리한 칼은 사용 방법에 따라서 두려워해야 할 흉기도 된다. 손자
는 그 위력과 공포를 알기 때문에 더더욱 사용 방법에 대해 경고하고
있는 것이다.

적군과 싸우는 데에도, 적성敵城을 공격하는 데에도,

적장을 암살하는 데에도,

반드시 적의 사령관·측근·비서·문지기·종자從者의 이름을 알고

첩자를 사용하여 그 동정을 조사해야 한다

문지기까지 조사하는 일이므로 참으로 철저하다. 적의 유력자 이름이나 동정을 조사하여 군주와의 사이를 갈라놓고 실각시키는 예는 『사기』나 『삼국지』에도 많다.

이러한 모략뿐만 아니라 사람을 부리고 사람을 움직이게 하는 경우에도 역시 상대를 잘 알아 둘 필요가 있다.

제齊나라의 재상 맹상군孟嘗君은 그 집에 식객 2천이라는 많은 인재를 거느렸던 것으로 알려져 있다. 그는 첫 대면한 상대에게 신상에 관한 이야기나 친형제의 이름을 물어 기록하여 나중에 친밀한 편지를 보냈다. 상대가 감격한 것은 두말할 나위도 없다.

송宋의 명신 여몽정呂蒙正은 항상 수첩을 주머니에 넣고 다니며, 관직 이동으로 인사를 온 사람에게 그 특기를 묻고 기록하여 인재가 필요할 때 도움이 되었다고 한다.

쑤저우는 손자의 연고지

상하이로부터 보통 열차로 약 1시간이면 양쯔강 하류의 가장 오래된 마을인 쑤저우蘇州에 도착한다. 여기는 2500년 전에 번영한 오吳나라의 옛 도읍이며, 시의 서북 약 3킬로미터 부분에 있는 후추虎丘는 오 왕 합려의 묘라고 전해지고 있는 명소다. 그 한 구역에 손자가 여군을 훈련한 광장 자리가 있다.

사실인지 어떤지는 별개로 하고, 쑤저우에는 손자에 얽힌 전설이나 연고지가 적지 않다. 한산사寒山寺 옆, 풍교楓橋 서남쪽으로는 '손무자교孫武子橋'까지이며 그가 여기에 살았다고 한다. 우산虞山이라는 곳에는 손자를 기념하는 정자도 있다.

쑤저우에서의 손자는 병법뿐만 아니라 산업도 전달한 인물로서 전설처럼 이름을 남기고 있다.

＊ 043쪽 〈손자는 어떤 인물인가〉 참조.

심리전과 바람의 경영자 손자孫子

초판 인쇄 2021년 9월 17일
초판 발행 2021년 9월 27일

지은이   손무
편저자   이현성
펴낸이   김상철
발행처   스타북스
등록번호   제300-2006-00104호
주소   서울시 종로구 종로 19 르메이에르종로타운 B동 920호
전화   02) 735-1312
팩스   02) 735-5501
이메일   starbooks22@naver.com
ISBN   979-11-5795-611-1 03150